防治中小学生欺凌和暴力

指导手册

教育部基础教育司 ◎ 组织编写

教育科学出版社
·北京·

出 版 人 李 东
责任编辑 池春燕
版式设计 杨玲玲
责任校对 马明辉
责任印制 叶小峰

图书在版编目(CIP)数据

防治中小学生欺凌和暴力指导手册／教育部基础教
育司组织编写.—北京：教育科学出版社，2018.5(2024.7重印)
ISBN 978-7-5191-1491-6

Ⅰ.①防… Ⅱ.①教… Ⅲ.①校园—暴力行为—预
防—中小学—课外读物 Ⅳ.①G634.203

中国版本图书馆 CIP 数据核字(2018)第 078354 号

防治中小学生欺凌和暴力指导手册
FANGZHI ZHONG-XIAOXUESHENG QILING HE BAOLI ZHIDAO SHOUCE

出版发行	教育科学出版社		
社　　址	北京·朝阳区安慧北里安园甲9号	**市场部电话**	010-64989009
邮　　编	100101	**编辑部电话**	010-64989441
传　　真	010-64891796	网　　址	http://www.esph.com.cn
经　　销	各地新华书店		
制　　作	北京金奥都图文制作中心		
印　　刷	保定市中画美凯印刷有限公司		
开　　本	720毫米×1020毫米 1/16	版　　次	2018年5月第1版
印　　张	11.25	印　　次	2024年7月第11次印刷
字　　数	159千	定　　价	36.00元

如有印装质量问题，请到所购图书销售部门联系调换。

目 录 | CONTENTS

第六章 家长如何应对学生欺凌和暴力问题 / 113

第七章 如何建设无欺凌校园 / 131

前　言

在党中央、国务院的正确领导下，在各级党委政府及教育、综治、公安、司法等有关部门和共青团、妇联等群团组织的共同努力下，发生在中小学生之间的欺凌和暴力事件得到遏制，预防青少年违法犯罪工作取得明显成效。但是，少数地方学生之间欺凌和暴力问题仍时有发生，损害了学生身心健康，造成了不良社会影响。为全面贯彻党的教育方针，落实立德树人根本任务，切实防治学生欺凌和暴力，2016 年 11 月，教育部等九部门印发了《关于防治中小学生欺凌和暴力的指导意见》（以下简称《指导意见》），对防治中小学生欺凌和暴力行为提出了原则性的指导意见和实施办法。2017 年 11 月，教育部等十一部门联合印发了《加强中小学生欺凌综合治理方案》（以下简称《治理方案》），明确了治理学生欺凌的指导思想、基本原则、具体措施以及职责分工。

为帮助各地中小学校、教师和家长更好地理解和落实《指导意见》及《治理方案》，解答一线学校管理者和教师在实际工作中关于学生欺凌和暴力问题的困惑，特编制《防治中小学生欺凌和暴力指导手册》（以下简称《指导手册》）。《指导手册》的内容设计注重应用性和实操性，对《指导意见》及《治理方案》做了详细的解读与剖析，明确了学生欺凌和暴力的操作性定义；提出了从预防、发生、应对到善后的中小学防治学生欺凌和暴力工作体系；指出要将"无欺凌校园"与"友善班级"建设与学校立德树人根本任务相结合。各地各校可结合《指导手册》中针对学校、教师的要求，制订应用性广、实操性强的防治措施，推动中小学防治学生欺凌和暴力工作有效开展。

《指导手册》分为七章：第一章主要介绍学生欺凌和暴力的相关概念，目的是使学校教师理解并认识学生欺凌和暴力，同时学会分辨学生欺凌和暴力事件。第二至第五章主要介绍从预防、发现、应对到善后的学校防治学生欺凌和暴力的完整工作体系。其中，第二章介绍预防学生欺凌和暴力的制度建设、流程设计与各类活动的开展；第三章介绍教师如何发现和干预欺凌萌芽；第四章介绍教师如何处置与应对学生欺凌和暴力事件；第五章介绍学生欺凌和暴力事件的善后恢复工作。在介绍了学校防治学生欺凌和暴力完整流程的基础上，第六章主要从家庭教育的视角出发，介绍作为学生家长如何有效地预防学生欺凌和暴力。第七章以建设平安校园和友善班级为目标，主要介绍学校如何构建一个无欺凌的校园环境，将防治学生欺凌和暴力的工作与学校日常德育工作有机整合。《指导手册》强调实操性和应用性，使中小学教师和家长在处理学生欺凌和暴力事件时，有章可循，有法可依。

希望中小学校管理者、一线教师和学生家长在阅读《指导手册》的基础上，结合学校发展、学情特点和家庭氛围，构建完整的以学校预防教育为主导、以家校合作为基础、符合学校实际需求的防治学生欺凌和暴力的制度与体系，为创造良好、和谐、友善的校园环境而努力。

第一章
什么是学生欺凌和校园暴力[*]

　　近年来，在我国一些地区，学生欺凌和暴力事件时有发生，这些事件通过网络及移动终端被广泛传播，成为社会关注的焦点。学生欺凌和校园暴力不仅是中小学校的问题，而且更是与学生家庭、社区环境等因素有着复杂关联的社会问题。

　　多年来，在大力推进平安校园的工作中，学校教师对校园暴力及其危害已有较为清晰的认识，但对学生欺凌问题的认识还比较模糊。直到今天，多数教师仍凭借早年的经验，将学生间引发一定后果的打打闹闹行为，简单地区分为"玩笑"和"暴力"两种情况，即只要不能被认定为校园暴力的行为，就统统划归为"玩笑、打闹、推搡"。我们有必要通过认真研究已发生的事件，转变教师凭借已有经验形成的观念，把隐藏于"玩笑"与"暴力"之间的学生欺凌问题解析出来，就学生欺凌和校园暴力问题分别制定针对性制度，建立针对性机制，采取针对性措施，以确保学生的健康成长。

　　＊ 本书中的"暴力"均指"校园暴力"，为表述的方便，文中多处将"校园暴力"简称为"暴力"。

第一节
学生欺凌的界定及其构成

世界发达国家对发生在中小学校的学生欺凌问题的研究已有 40 多年的历史。在 20 世纪 90 年代，挪威心理学家丹·奥维斯在大规模调查的基础上对学生欺凌的基本特征进行了归纳性描述：一个学生如果长期、重复受到一个或多个学生的欺负或骚扰，这种现象就属于学生欺凌。（Olweus，1993）经过多国学者的研究补充后，欺凌被界定为：在中小学生之间发生的力量强大的一方对弱小的一方反复或长期实施的身体和心理上的伤害行为。这一定义列出了学生欺凌的三大特征：以强凌弱、身心攻击、重复发生。此后，各国政府和学者根据本国的实际情况，对学生欺凌的定义不断进行修订。

一、什么是学生欺凌

对学生欺凌进行界定的意义在于认识和判断什么是学生欺凌事件，是从大量实际发生的学生欺凌事件中对其特征进行归纳，而不是进行逻辑推演。首先用归纳的方法对学生欺凌做出界定的是欧美的一些国家。日本在欧美国家对学生欺凌界定的基础上，根据本国的实际情况，对学生欺凌的核心特征进行了多次修订，使之更便于教师认识和判断学生欺凌事件。我国台湾地区目前也主要是依据欧美国家的研究结果对学生欺凌进行界定的。

（一）欧美各国对学生欺凌的界定

在奥维斯研究的基础上，欧美各国陆续扩展对学生欺凌特征的描述，确立了学生欺凌的五个基本要素。

1. 学生欺凌是发生在学生之间的行为。
2. 学生欺凌是一种力量不均衡的冲突行为，即欺凌者的力量或势力大于被欺凌者。
3. 学生欺凌是反复或长期发生的行为。
4. 学生欺凌是使被欺凌者遭受身心伤害或痛苦的行为。
5. 学生欺凌事件中存在着众多围观者。

在各国防治欺凌的具体措施以及各国学者的研究报告中，对这些特征进行了更为具体的解释。例如，有研究指出，虽然学生欺凌是指发生在学生之间的行为，但发生学生欺凌事件的地点并不限于校园之内，即使使用"校园欺凌（school bullying）"这个概念，也都特别注明"不限于校内"。又如，根据学生欺凌是一种反复或长期发生的行为的特征，有的定义就增加了"主观故意"的动机解释。也有的研究特别指出，学生欺凌的目的并不是使被欺凌者受到身体的伤害，而是使被欺凌者遭受精神上的痛苦，即对其身体的物理攻击只是手段，使其精神痛苦才是目的。这一点从一些最终因无法忍受长期欺凌而自杀的学生的遗书中得到了充分印证。（Salmivalli，2010；Smith et al，2003；Rigby et al，1991）

（二）日本对学生欺凌的界定

日本中小学生欺凌问题及对其的研究和防治工作已持续三十多年。三十多年来，日本不断对学生欺凌的本质特征进行概括、归纳和修订，这对我国认识学生欺凌问题具有重要参考价值。

日本早期也曾用欧美各国的定义研究、调查、处理学生欺凌问题，后来则根据日本国情，将学生欺凌的概念限定为三个核心要素、一个附注要素。

核心要素：

1. 攻击比自己弱小的一方；

2. 实施持续的身体的、心理的攻击；

3. 使对方感受到深刻的痛苦。

附注要素：发生场所不限于学校内。

这是日本文部科学省为在全国进行监控调查而对欺凌做出的定义。（日本文部科学省，2015）该定义的特点是将欧美国家的定义进行了应用性的简化，便于实施调查的人员及学校教师对学生欺凌做出判断。

2006年，日本福冈筑前町发生了一起初中生因遭受欺凌而自杀的事件。被欺凌的学生在遗书中写了很多类似"无法忍受欺凌"的字句。日本文部科学省因该事件再次对学生欺凌概念进行了重大修正，将学生欺凌定义为：学生因受到有一定关系者在心理上和身体上的攻击而产生精神痛苦的事件。（日本文部科学省，2015）

该定义重点改变了欧美等国对学生欺凌的定义的两个地方：一是完全从被欺凌者视角认定学生欺凌；二是主要依据"攻击"与"痛苦"两个核心要素界定学生欺凌，其余要素均降到非核心地位。

2013年，日本颁布《防止欺凌对策促进法》，在法律上进一步对学生欺凌进行界定：在籍学生对与其有一定关系的学生实施心理上和身体上的影响行为（含网络手段），从而使对方感受痛苦的事件。（日本文部科学省，2013）

这个法律定义不再完全从被欺凌者的视角出发，但保留了被欺凌者感受痛苦这一核心要素。

（三）我国对学生欺凌的界定

我国台湾地区基本以欧美国家的定义为主，采用"四要素说"。

1. 具有欺侮行为。

2. 具有故意伤害意图。

3. 造成生理或心理的伤害。

4. 双方势力（地位）不对等。

附加条件：经学校"防治校园霸凌因应小组"确认。

2011 年，我国台湾地区有关文件规定如下。

"校园霸凌"系指相同或不同学校学生与学生间，于校园内外发生之个人或集体持续以言语、文字、图画、符号、肢体动作或其他方式，直接或间接对他人进行贬抑、排挤、欺负、骚扰或戏弄等行为，使他人处于具有敌意或不友善之校园学习环境且难以抗拒，产生精神上、生理上或财产上之损害，或影响正常学习活动之进行。（台湾地区教育事务主管部门，2012）

该定义明确指出了学生欺凌的全方位要素：主体、地点、方式、行为、后果。

2016 年 4 月 28 日，国务院教育督导委员会办公室在《关于开展校园欺凌专项治理的通知》中，将欺凌定义为"发生在学生之间蓄意或恶意通过肢体、语言及网络等手段，实施欺负、侮辱造成伤害"的事件。该定义强调了学生欺凌的五个要素。

1. 学生之间。

2. 恶意动机。

3. 多种手段。

4. 实施侮辱。

5. 造成伤害。

以上用五个要素对学生欺凌进行的界定，与国际上通行的定义大体一致。

2016 年 11 月，教育部等九部门发布的《关于防治中小学生欺凌和暴力的指导意见》将学生欺凌和暴力并提，未对学生欺凌做专门界定，但其中对学生欺凌的描述可视为对学生欺凌的基本界定：学生之间欺凌和暴力问题仍时有发生，损害了学生身心健康。

这里强调了学生欺凌的以下两个要素。

1. 学生之间。
2. 损害身心健康。

它省略了欺凌的意图、手段和方式三个要素。

2017 年 11 月，教育部等十一部门联合印发的《加强中小学生欺凌综合治理方案》对欺凌做了迄今为止最为明确的定义："中小学生欺凌是发生在校园（包括中小学校和中等职业学校）内外、学生之间，一方（个体或群体）单次或多次蓄意或恶意通过肢体、语言及网络等手段实施欺负、侮辱，造成另一方（个体或群体）身体伤害、财产损失或精神损害等的事件。"其中特别强调的是以下三个要素。

1. 主体：学生之间。
2. 形式：单次或多次蓄意或恶意通过肢体、语言及网络等手段实施欺负、侮辱。
3. 后果：身体伤害、财产损失或精神损害等。

从上述各国各地区的各种定义中可以发现，对学生欺凌的定义基本是动态的。

在对此类非常难以给予严格定义的具有动态变化性的事物进行界定时，通常要首先抓住最为核心的要素，对于其他非重点内容则可根据不同的情况通过增加、删减或修改等方式来进行动态表达。对学生欺凌概念进行界定，就需遵循这一逻辑思路。

二、本书对学生欺凌的界定

根据世界各国多年来的研究和实践，结合近几年媒体报道的数百起学生欺凌事件及我国国家层面的几个重要文件，本书将"学生欺凌"界定为：

> 在校学生之间发生的强势一方对弱势一方进行侮辱性身心攻击，并通过重复实施或传播，使被欺凌的学生遭受身心痛苦的事件。

该定义包含以下五个要素。

1. "在校学生"：指在本校或他校有学籍的学生，由此隐含了学生欺凌事件的发生地不限于校内的因素。
2. "强势一方"：指欺凌者的力量或势力大于被欺凌者。
3. "侮辱性身心攻击"：指殴打对方身体或通过各种手段使对方在心理上受到侮辱。
4. "重复实施或传播"：指对特定对象实施多次攻击或通过拍摄照片、视频并上传网络使欺凌过程反复重现并使更多人看到，由此包含了学生欺凌事件多存在围观者的因素。
5. "身心痛苦"：指被欺凌者感受到强烈的身体疼痛和精神痛苦。

上述定义的五个要素中，"在校学生"特指欺凌者和被欺凌者。在身份已定的前提下，学生欺凌的本质就由四个关键要素构成，换成便于中小学教师理解的通俗表达，即"以强凌弱、身心攻击、重复实施、遭受痛苦"四个要素。

（一）学生欺凌定义的三重结构和学生欺凌事件的三种形态

图 1-1 完整呈现了学生欺凌定义的三重结构。在"以强凌弱、身心攻击、重复实施、遭受痛苦"四个要素中，"身心攻击"（欺凌者视角）和

"遭受痛苦"（被欺凌者视角）是学生欺凌事件的核心要素和必要条件，构成学生欺凌概念的第一重结构。也就是说，如果观察不到"身心攻击、遭受痛苦"的要素存在，则不能将学生冲突事件定性为学生欺凌事件，而任何情况下发生的学生欺凌事件，都必定包含这两个要素。仅具备核心要素的事件，本书将之定义为"欺凌萌芽"事件。

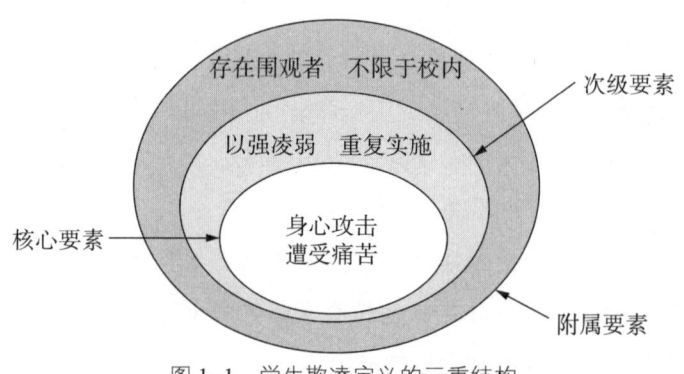

图 1-1　学生欺凌定义的三重结构

"以强凌弱"和"重复实施"是次级要素，是标准欺凌事件的充分条件，构成学生欺凌概念的第二重结构。也就是说，如果在欺凌萌芽事件中还进一步观察到"以强凌弱、重复实施"要素存在，则这一事件即可定性为标准的学生欺凌事件。但是，如果在学生冲突事件中只观察到"以强凌弱"要素，而暂时没有观察到"重复实施"要素，也已然可以将之认定为学生欺凌事件。实践中，多数情况下发生的学生欺凌事件会包含第二重结构的两个要素，少数情况下只能观察到第二重结构中的"以强凌弱"这一要素。具备完整要素的学生欺凌事件，本书将之定义为"标准欺凌"事件。

"存在围观者"和"不限于校内"属于附属要素，即这两个要素带有对学生欺凌定义的进一步确认和解释的性质，即便不去理会这两个要素，学生欺凌定义也已经成立，但增加这两个附属要素，可对学生欺凌事件做出更加确切的判断。这两个附属要素构成学生欺凌概念的第三重结构。具备附属要素的学生欺凌事件，本书将之定义为"典型欺凌"事件。

从我国已发生的数十起学生欺凌的典型案例来看，这样来判断我国学生欺凌事件的性质是比较合情、合理的，也是比较便利、快捷的，因而也有利于学校开展防治学生欺凌工作。

（二）通过核心要素判定欺凌萌芽事件

作为教师，对学生欺凌事件的判定，首先要看是否存在一方实施了身心攻击、另一方遭受了身心痛苦。只要具备这两个必要条件，就要从"可能发生了欺凌"的角度去看待事件性质。本书将此种情况定义为"欺凌萌芽"，即学生欺凌事件的核心构成已经成立，需要立即采取必要的干预措施，将学生欺凌防于萌芽阶段。

确立欺凌萌芽的概念及判定欺凌萌芽的操作方法和相应的教育干预方法，是预防学生欺凌事件发生的基础性环节，也是有效区分学生间一般性玩笑、打闹与欺凌的关键所在。比如，一般性打闹中，一方对另一方确实实施了攻击行为，但被攻击的一方并没有感受到强烈的精神痛苦；或者被攻击的一方因受攻击而身体受到外伤（如皮肤青紫、流血等），身体必然疼痛，但并未产生强烈的精神痛苦，那么，宜将这类事件判定为一般性打架事件，尽管严重的甚至可被判定为暴力行为，但不是欺凌行为。

应该被判定为欺凌萌芽事件的，一定是一方的攻击行为给被攻击的一方造成心理痛苦、精神侮辱的事件。欺凌萌芽事件中的双方，本书一律称之为"欺凌者"和"被欺凌者"。判定欺凌萌芽事件的关键要素首先是被欺凌者的精神感受，其次才是欺凌者的攻击行为。换言之，不能因为欺凌者一方认为自己"非恶意或故意""没有给对方造成严重的身体伤害"而否认发生了欺凌萌芽事件。

本书制订的早期预防机制，除去正面教育以外，主要是针对第一重核心要素，通过早期预防措施，将学生欺凌问题解决在欺凌萌芽阶段。

对于欺凌萌芽的干预，可分为两个阶段：一是"防之于未萌"阶段，二是"克之于方萌"阶段。前者侧重点是对学生进行预防欺凌发生的正面教育，并通过关注特殊学生群体，防止一般性玩笑、打闹升级为欺凌行为；后者重在对涉入欺凌萌芽事件学生的批评教育，并通过对已明显具备核心要素的过分的玩笑、打闹行为进行干预，将事件控制于一般性玩笑、打闹性质范围内。

某小学低年级 A 同学、B 同学都坐校车上学、放学，A 同学坐校车时，B 同学说"这是我的位置，你不许坐"，并且 B 同学在一段时期内经常这样说。校车老师虽然对 B 同学进行了教育，但由于不是学校老师，B 同学也不理会。A 同学开始害怕 B 同学，不敢接触他。

此案例中，"身心攻击、遭受痛苦"的要素还没有鲜明地呈现出来，但已经具备雏形。此种形态的事件即属于"欺凌未萌"事件。"欺凌未萌"的特殊性质在于倘若教师不加以教育性地制止，此类事件很有可能会演化为学生欺凌事件，教师的责任就是要"防之于未萌"，不使其发展为学生欺凌事件。一些有经验的教师，通过入微的观察，还能够在一般性的玩笑、打闹中，发现学生间存在的有可能会向激化方面发展的情况。此类情况亦可视为"欺凌未萌"状态，要通过引导教育化解矛盾，使学生关系保持在友好状态，将一般性玩笑、打闹控制在合情合理范围内。

某寄宿小学的高年级学生不让低年级学生在晚间洗漱时使用热水，低年级学生一使用热水就遭高年级学生打或骂，低年级学生感到害怕。

此案例中，"身心攻击、遭受痛苦"的要素已然初步显现，具备了学生欺凌的雏形，已可将之判定为欺凌萌芽了。对于在此阶段的事件，可称之为"欺凌方萌"事件，教师的责任就是要"克之于方萌"，对涉入欺凌萌芽事件的学生进行批评教育，不使事件发展为标准欺凌事件。

对"欺凌未萌"和"欺凌方萌"概念的把握，存在于教师对学生间从一般性玩笑、打闹向标准欺凌过渡的动态判断过程中，是教师采取有效教育措施预防学生欺凌行为发生的重要环节。

（三）通过核心要素和次级要素判定标准欺凌事件

对学生欺凌事件的判定是个动态过程。在依据核心要素将事件初步判定为欺凌萌芽事件的基础上，通过迅速展开调查，收集和分析事件的次级要素，即"以强凌弱、重复实施"的存在情况，即可进一步判定欺凌事件的程度。如果一个已经具备学生欺凌核心要素的事件，同时还具备了"以强凌弱、重复实施"这一要素，则该事件就应被定性为标准欺凌事件。

　　一旦定性为标准欺凌事件，学校应立即启动学生欺凌防治机制，根据事件的严重程度确定应对方案，及时采取应对措施，防止事件后果的进一步恶化。

　　本书所描述的及时应对机制，主要是针对核心要素和次级要素，应在发现标准欺凌事件的第一时间启动及时应对的防治机制，将学生欺凌的后果控制在最低限度。

（四）通过附属要素判定典型欺凌事件

　　典型欺凌事件除去以上基本要素特征外，往往还同时具备"存在围观者"和发生地点"不限于校内"两个附加特征。严格地讲，"典型欺凌"只是"标准欺凌"的充分版，其性质是相同的，都属于标准的、典型的欺凌事件。本书单独使用"学生欺凌事件"时，所指均为"标准/典型欺凌"事件。

　　学校在确定标准欺凌事件后要对围观者、事件发生地点等情况进行深入调查，了解围观者的构成情况和发生地点的基本情况，以便采取更为恰当的措施和策略来处理学生欺凌事件。在认定存在围观者并确定实际发生地点之后，即可将该事件判定为典型欺凌事件，即充分的标准欺凌事件。

　　围观者对学生欺凌事件的持续发生具有一定的促成作用，并对学生欺凌事件造成的后果具有放大作用，因此在防治欺凌问题上，特别是在善后辅导工作中，需要对围观者这一要素予以特别重视。事件发生地点则是学校在预防欺凌问题方面需要特别加以防控的地方。

　　本书制订的善后恢复机制，主要是指在处理事件之后，除去对学生欺凌事件双方当事学生进行追踪辅导以外，还要针对围观者甚至全校师生进行辅导和教育，以彻底消除学生欺凌事件造成的各种影响。

（五）"欺凌萌芽"向"标准欺凌"的演变

　　在学生欺凌事件中，被欺凌者的心理感受是最值得教师予以关注的。各种学生欺凌案例都表明，虽然在学生欺凌事件中，欺凌者、被欺凌者、围观者以至于家长和教师都是某种意义上的受害者，即学生欺凌事件中不存在受益者，但其中受害最深的还是被欺凌者。教师在调查事件中，应特别重视被欺凌者对精神痛苦方面的自述。当然教师不能仅凭学生的自述来判定事件性质，还要结合各方面的调查，最终来对该学生是否遭受了精神痛苦及遭受到何种程度的精神痛苦做出判断。

在判断某一事件是否为学生欺凌事件时，还要特别注意学生欺凌事件的动态发生性这一基本特点。比如，如果教师发现某一事件不仅具备了两个核心要素，还具备了一个次级要素（如"以强凌弱"），只是没有发现"重复实施"这个充分条件，此时绝不能用"少一个充分条件，故不属于学生欺凌"来判定事件性质。因为从动态发展角度看，任何重复实施的事件往前追溯，都能找到第一次实施的存在。同样的道理，如果不能在第一次实施欺凌后及时进行干预，则很可能会发生第二次、第三次，以致形成重复实施的事实。学校和教师的责任就是尽可能将学生欺凌事件防治在萌芽状态，不能静等重复实施要素的出现。

在一个学生上厕所时，两个同学进入厕所，其中一个同学堵住厕位的门，另一个同学把装有厕纸的垃圾筐扔进厕位，砸在上厕所学生的头上，沾有尿液和屎渍的厕纸散落在该生的头上和身上，两个同学笑着跑开了。被砸的学生满脸污秽，哭着进行了自我清理。

该事件具备了学生欺凌定义中的"身心攻击、遭受痛苦"两个核心要素，同时还具备了"以强凌弱"（以多欺少）这个次级要素。

此时，教师应该将该事件判定为欺凌萌芽事件，之后再通过调查确认是否还具备"重复实施""存在围观者""不限于校内"等次级要素和附属要素。如此判断学生欺凌事件，有利于早期发现并迅速妥善解决学生欺凌事件于"萌芽"状态。

初三几名男生喜欢摸对方的下体，相互比较生殖器的大小。开始时，都是开玩笑式的触摸，后来碰触的力度越来越大，有学生感到痛苦，就跟班主任报告了此事。班主任认为这只是男生间的玩笑行为，不值得大惊小怪，只是告诉这几个学生以后要注意，而没有积极介入处理，也没有对全班学生进行有关性知识和行为界限的教育。几天后，这几名学生争论生殖器大小与身高的关系，遂在化学实验课后，将班里的男生拦下留在教室，锁上屋门，强行脱掉他们的裤子查看其生殖器，给部分学生造成了心理恐惧和精神痛苦。

在这个事件中，班主任在当初处理问题时，认为只是几个平时要好的同学之间的玩笑，虽然有同学认为"遭受痛苦"了，但并没有出现"以强凌弱"的要素，就没有对欺凌萌芽进行针对性干预，最终导致事件演变成了标准欺凌事件。

一个初中女生被 4 个女同学殴打后告诉了老师，老师找来那 4 个女生批评了一顿，以为事情就算解决了。结果几天后，这 4 个女生将该女同学强行拉进厕所拍了裸照。被欺凌的女生吓得不敢上学了。

倘若教师当时能够将该事件明确判定为欺凌萌芽事件，并按照欺凌萌芽事件的处理流程进行处理，就不至于使殴打演变成拍裸照的"标准/典型欺凌"事件了。

此类案例很多。有的从"借钱"演化为"要钱"，从要几块钱演化为要几十、几百块钱，从每学期要一次钱演化为每月甚至每星期都要对方交钱，最终变成"标准/典型欺凌"事件。

三、学生欺凌的人员构成

简要地说，学生欺凌的人员主要由欺凌者、被欺凌者和围观者三方构成。

（一）欺凌者

欺凌者是发起欺凌行为的主导方，通常会带领其他同伴共同实施欺凌。

欺凌者具有攻击性，一般会反复地以言语、文字、图画、符号、肢体、网络传播等方式，直接或间接对他人进行殴打、威胁、排挤、恐吓、贬抑、欺负、骚扰、戏弄等。

欺凌者通常是那些顽皮、家庭情况复杂、常被教师忽视或批评的学生。教师对班级中的这类学生应多加关注。

（二）被欺凌者

被欺凌者通常是与欺凌者有某种直接或间接关系的同学。双方发生欺凌不一定有什么明确的理由，有时即便有理由也是比较勉强的或被强迫承认的所谓的"理由"。被欺凌者相对于欺凌者来说，是处于绝对弱势的一方，或本身身体弱小，或面对的是数个结伙的同学，致使其处于力量或势力严重不对等的境地，无法还击对抗，甚至不敢告诉教师和家长。

被欺凌者通常是那些性格内向、自尊心较弱、行为被动、身体弱小的学生。教师对班级中的这类学生更应多加关注。

（三）围观者

围观者是观看欺凌过程的学生。这个群体人数众多、角色复杂，在学生欺凌事件中由于心态不同，所起的作用也不一样。

从某种角度看，围观者也是学生欺凌事件的心理受害者。因此，观察、驱散、转化围观者是防治学生欺凌的重要手段之一。

国外的大量研究证实，围观者的角色可细分为以下几种。

1. 协助者

协助者通常是欺凌过程中的被动型欺凌者。当欺凌行为发生时，有时协助者可能会参与部分欺凌的过程。有些围观者之所以成为协助者，主要是借此来保护自己免受欺凌。协助者的具体行为包括拍摄、传播、放哨等。

2. 附和者

附和者也是欺凌过程中的被动型欺凌者。当欺凌行为发生时，附和者通常不会参与欺凌，但会在旁边嬉笑、叫好，或说一些煽动性的话等。与协助者相似，有时附和者也只是想保护自己免受欺凌。

3. 旁观者

旁观者通常是置身事外的围观者。他们想看看发生了什么事情，既不会偏向欺凌者，也不会偏向被欺凌者。大多数旁观者一是怕惹祸上身，二是多持"事不关己，高高挂起"的态度。

4. 阻止者

阻止者，也称保护者，其态度偏向被欺凌者，但是否采取阻止行动要视情况而定。因此，保护者还可再细分为可能保护者和真实保护者。可能保护者认为应该帮助被欺凌者，但是此时不宜采取行动；真实保护者会帮助或尝试通过其他途径帮助被欺凌者，包括直接阻止欺凌过程、向教师报告、鼓励被欺凌者向教师报告等。

围观者的不同角色常常随着环境、氛围、外部干预力量等的变化而变化。

通过有针对性地分化围观者群体，有可能在一定程度上减少学生欺凌事件的数量，减轻事件的后果。比如，许多学校在大力倡导对欺凌说"不"的策略，这是多数国家的学校对策中排名首位的措施。该策略既可减少围观者的数量，也可转化围观者的角色，使协助者转变为旁观者，使旁观者撤出围观群或转化为阻止者。

四、学生欺凌有哪些类型

学生欺凌的方式和类型常因与普通的玩笑、打闹、推搡等玩耍行为难以区分，而造成判断困难。根据诸多案例的分析结果，"被欺凌者受到严重精神痛苦"是判定学生欺凌事件的最重要标志。在此基础上可将学生欺凌分为以下六种类型。

（一）肢体欺凌

这是所有学生欺凌类型中最容易辨识的一种。欺凌者主要利用身体动作直接攻击他人。肢体欺凌的方式主要包括殴打、推挤、吐口水等。

（二）言语欺凌

这是所有学生欺凌类型中最容易发生且不易被发现的一种。欺凌者主要通过口头言语直接攻击被欺凌者，如取侮辱性绰号、辱骂、讥讽、嘲弄、恐吓等。

（三）社交欺凌

社交欺凌常发生在关系密切的学生之间，如同一小组、同一社团、同一宿舍的学生之间。欺凌者多通过与其他人共同排挤、孤立被欺凌者，使被欺凌者被排挤在团体之外。这一类型的欺凌多伴随着言语欺凌（如散布谣言、说坏话等）的实施。

（四）网络欺凌

网络欺凌主要通过 QQ、微信、电子邮件、聊天室等多元网络媒介散播伤害被欺凌者的言论、图片或视频等，使被欺凌者再次、重复地在更大范围被围观，从而对其造成更深的精神痛苦。

（五）财物欺凌

财物欺凌一是指欺凌者通过损毁被欺凌者的文具、衣服等物品达到凌辱对方的目的，二是指欺凌者通过向被欺凌者索要钱财达到获得优越感的目的。无论是损毁对方物品，还是强迫对方向自己交钱，都会给被欺凌者造成很深的精神痛苦。

（六）性欺凌

性欺凌不同于性犯罪，是指以性或身体特殊部位为取笑、嘲弄对象，拍摄、散播、描写令被欺凌者不舒服的与性相关的图片、影像及文字等，或强迫摩擦、攻击被欺凌者身体的特殊部位等行为。此种行为给被欺凌者造成的精神痛苦非常严重。

上述六种类型的学生欺凌，描述的都是学生欺凌的形式和手段，欺凌者的目的都是通过这些形式和手段使被欺凌者遭受到精神痛苦。

五、学生欺凌有哪些危害

学生欺凌不仅给被欺凌者造成巨大的精神痛苦和伤害，而且给欺凌者和围观者造成难以弥补的心理伤害。

（一）对被欺凌者的危害

欺凌行为使被欺凌者遭受严重的精神创伤和生理、行为不良反应。

多数被欺凌者会出现紧张、焦虑、难过、害怕等不良情绪反应，出现头痛、肚子痛、尿床、抽搐、失眠、做噩梦、口吃等不良生理反应，出现少言寡语、逃学、自伤、自残等不良行为反应。严重者可能出现自杀行为。

（二）对欺凌者的危害

欺凌行为易助长欺凌者的攻击性倾向，导致欺凌者形成攻击性、破坏性等不良人格，阻碍其与同学的正常交往。久之，会产生孤独、焦虑等消极情绪，增大其反社会行为发生的可能性。有追踪调查显示，中小学时期的欺凌者进入社会后，其犯罪概率高于平均水平。

（三）对围观者的危害

学生欺凌事件中的围观者也是欺凌行为的受害者。无论是哪一种类型的围观者都会同样因受到欺凌行为的刺激而产生不良心理反应。即便没有直接参与围观的学生，也会因听到事件的过程或看到欺凌的视频、图片而受到不良影响。有的学生会以某种方式推动甚至效仿欺凌行为。

（四）对学校氛围及家庭和社会的危害

学生欺凌对学校文化环境的消极影响也是显而易见的。学生欺凌现象的存在与创建和谐文明的校园环境相冲突，影响正常教学秩序，使学校对部分学生来说成为一个不安全的地方，导致学生对学校产生消极态度和行为，失去学习兴趣，影响全校的风气。

欺凌行为的发生也会对家庭和社会产生较大的负面影响，破坏家庭环境，危害社会安定，形成不良社会风气。

第二节
校园暴力的界定及其与学生欺凌的异同

校园暴力指给学校师生生命造成伤害或严重威胁，给学校财产造成损毁的事件。如果说学生欺凌主要是通过各种攻击手段达到给对方造成精神痛苦的目的，那么校园暴力就是以直接伤害他人的身体或损毁对方财物为目的的攻击事件。校园暴力在参与者范围上与学生欺凌的最大不同在于，校园暴力既包括学生之间发生的身体攻击事件，也包括师生之间的身体攻击或毁坏物品的事件，还包括专门损毁物品的暴力事件，当然也包括校外人员冲击校园、殴打师生、毁坏学校设施设备等的暴力事件。

其中特别需要指出的是，教师对学生的不当体罚，不仅可能给学生造成身体伤害，也会给学生造成心理伤害，还可能给其他学生带来负面的心理影响，这也是一个值得引起高度关注的问题。

一、什么是校园暴力

对校园暴力的界定相对比较成熟，但同时也相对比较宽泛。对校园暴力的界定容易与对学生欺凌的界定混为一谈，认为学生欺凌是一种"较低水平"的校园暴力，或者校园暴力是一种致使对方受到明显伤残的"严重欺凌"。

笼统来看，校园暴力造成的后果和影响要大于学生欺凌，但人们在泛化校园暴力的同时，也时常窄化校园暴力行为的范围。例如，学生或社会青年在校外拦截殴打年龄较小的学生，多数情况是为了抢劫数目很小的钱财，包括手机、游戏机、书包，甚至围巾、口罩等小物品。此类事件均属于校园暴力事件，但其危害水平是低于学生欺凌行为的。对校园暴力泛化和窄化的界定，都不利于区分校园暴力与学生欺凌，进而不利于分别制订有针对性的防治措施。

校园暴力主要指以下三类事件。

1. 对师生人身造成伤害的事件。

2. 对师生及学校的财产造成损毁的事件。

3. 对师生生命安全构成威胁的事件。

发生在学生中间的那些抢劫同学的低价值用品或玩具之类的事件，由于情节、性质、后果均不严重，属于"轻微型校园暴力"，通常不列入校园暴力事件，只要教师做出相应处理即可，如批评教育、令其写保证书、要求家长配合教育等。

（一）对师生人身造成伤害的事件

校园暴力直接对师生身体造成伤害。这主要包括学生之间严重的打架斗殴、教职工打伤学生、学生打伤教职工、家长打伤教职工、家长打伤其他学生、校外人员打伤校内师生等一切人为的、给人身体造成伤害的严重暴力事件。

打架斗殴是典型的暴力行为，指两人之间或多人之间的以伤害对方身体为目的的暴力事件。这主要包括超出一般性打闹、玩耍范畴的以给对方造成伤害为目的并确实造成严重伤害后果的学生之间的打架，也包括校外社会人员与学生之间的群体性打架，还包括师生之间、家长与师生之间的动手或持械伤人事件。其中性质比较恶劣、后果比较严重的是那些团伙间的械斗，俗称"打群架"。有校外社会人员参与的团伙械斗往往造成极其严重的伤残后果。

此外，复仇性暴力也是典型的对人身造成伤害的校园暴力行为。包括当弱势一方因长期遭受欺凌而积累仇恨，采取极端复仇手段给对方造成严重伤害的事件，也包括因在前次的校园暴力事件中感到"吃了亏"而精心计划复仇的伤害事件，以及因其他原因而采用暴力报复手段的伤害事件。由于此类暴力事件的施害方比受害方势弱，故此类校园暴力事件中的施害方往往做了长期准备，有计划地使用器械发起突然袭击，以达到伤害对方的目的。所使用的器械和物品为枪支、刀具、电击器、催泪器、伸缩棍、爆炸物、毒药等。复仇性暴力造成的伤害通常都是非常严重的。

（二）对师生及学校的财产造成损毁的事件

校园暴力直接对学校的设施、设备和师生的个人财产造成损毁。这主要包括使用各种暴力手段蓄意或报复性地破坏学校设施、学校建筑、教学设备或师生个人财物的恶性事件。此类校园暴力事件也常常使用相应的器械，如刀具、棍棒、爆炸物、引火器等，给学校和师生个人造成严重的财产损毁。

（三）对师生生命安全构成威胁的事件

校园暴力还包括以下行为。

1. 违反法规携带管制器械到学校的行为。这些器械包括枪支弹药、刀具、电击器、催泪器、伸缩棍等《中华人民共和国治安管理处罚法》等相关文件中明文规定禁止携带的危险器具。

2. 违反法规携带危害未成年人身心健康的毒品到学校的行为。这些毒品包括麻醉类药品和精神类药品，前者如鸦片、吗啡、海洛因、大麻浸膏、可卡因等，后者如各种致幻剂、镇静剂及巴比妥类药品等。

3. 违反法规携带可立即致人死亡的剧毒物质到学校的行为。如氰化钾、砒霜、剧毒农药等。这些物品一旦被带入校园，就会带来难以控制的隐患，对学校师生的生命安全造成严重威胁。

中小学校是未成年人学习生活的公共场所，受到国家法律法规的保护。校园暴力会给师生生命造成严重安全威胁，给师生及学校的财产造成严重损毁威胁，给学校正常教学秩序造成严重破坏威胁。这是违反国家法律法规的严重事件。学校配备校警（或保安）及钢叉、警棍、盾牌、头盔等安保器械，主要就是为了应对上述校园暴力事件。

二、学生欺凌与校园暴力的异同

简要地说，学生欺凌主要指发生在在籍学生之间的凌辱事件，其后果通常会给学生造成身心伤害，严重的甚至会导致被欺凌者自杀。校园暴力主要指以伤人和毁物为目的的"打砸抢"类事件，其后果通常会给师生生命安全造成严重威胁，会破坏学校的正常教学秩序，严重的会导致人员死伤、财产损毁。

（一）学生欺凌与校园暴力的异同

从上述界定的角度看，学生欺凌事件中的双方是存在一定关系的同学，属于同一团体的成员，但校园暴力事件中的双方既可能是同一团体中的成员，也可能不是同一团体中的成员，比如其中一方可能是外校学生、家长、教职员或者社会人员等。

在学生欺凌事件中，通常被欺凌的对象是基本固定的，欺凌者经常没有任何理由地欺凌对方。但校园暴力事件中的施暴对象既可能是固定的，也可能是偶然"碰上"的。学生之间及学生与校外人员之间的"一言不合即大打出手"等一类的校园暴力事件，多是突发性质的。个别校园暴力事件会多次发生，如一次斗殴没有解决问题或达到目的，则可能还会发生第二次甚至更多次。但多数情况下，校园暴力事件是一次性的。

学生欺凌事件中欺凌者的核心目的是通过欺凌获得对被欺凌者"说一不二""居高临下"的完全掌控。在媒体曝光的许多学生欺凌事件的视频中，可以看到欺凌者自己不动手，而是让被欺凌者跪在地上自己打自己耳光，或者让被欺凌者从家里偷钱、到商店偷商品给欺凌者等。校园暴力事件中这类情况很少，多是要让对方受到直接的、明显的身体伤害，或直接抢夺其重要财产或毁坏其重要物品。

在学生欺凌事件中，欺凌者一定是绝对强势的一方，或力量大，或人数多，而被欺凌的一方一定是弱势的一方，通常只有一个人，并因势单力薄而不可能反抗对方。校园暴力事件中的双方力量难以用强弱来辨别，有时可能是弱势的一方因使用了极端手段而严重伤害了表面强势的一方。（见表1-1）

表1-1　学生欺凌与校园暴力的比较

比较维度	学生欺凌	校园暴力
关系	双方有一定关系	不一定有关系
对象	基本固定	不一定
原因	不需要原因	有原因
次数	重复性	不一定
目的	获得一时快感	不一定
伤害	直接或间接	直接
强弱	力量不对等	不一定

从学生欺凌与校园暴力的后果看，二者都会给学生造成身体伤害，都可能造成最为严重的致人死亡的后果。但校园暴力的目的是对身体直接造成伤害，学生欺凌的目的则主要是对心理造成伤害。从学生欺凌和校园暴力的人员来源看，校园暴力的施暴者和受害者外延广泛，最为严重的校园暴力事件往往包括校外人员；学生欺凌事件中的欺凌者和被欺凌者仅限于在校学生（包括已转学的学生）。从对学生欺凌和校园暴力的发现及识别判断看，学生欺凌事件较为隐蔽，常常难以被发现，且容易被混同于"打打闹闹"；校园暴力事件则公开不避讳，比较容易识别判断。

（二）学生欺凌与校园暴力之间的转化

学生欺凌虽不同于校园暴力，但二者存在相互转化的可能性。在美国发生的数起校园枪击事件中，有的施暴者就曾经是长期被同学欺凌的受害者。学生欺凌事件之所以需要引起学校的高度重视，是因为当被欺凌者长期遭受欺凌而精神受到巨大打击时，可能选择自残，甚至自杀，或者选择复仇而伤人。选择复仇的结果，就使得学生欺凌事件转化成校园暴力事件，给师生生命安全带来严重威胁，给学校和师生个人财产造成严重损失。

对校园暴力事件处置不当或处理不彻底，也有可能使之在以后转化为学生欺凌事件。如校园暴力事件受害者可能因不服气而加入某些学生团伙，进而鼓动团伙对曾经伤害过自己的同学实施欺凌。

从防治学生欺凌和暴力的角度看，学生欺凌事件多数情况下属于教育范畴，需应用教育方法和根据学校规章进行处置；校园暴力事件多数情况下属于违反法律的范畴，需运用法律手段予以惩罚。但无论是对待学生欺凌事件还是处理校园暴力事件，都要加强善后工作，做好后续的辅导和指导，防止事件的续发或性质的转化。

第二章
如何建立学生欺凌
和暴力的预防机制

　　为预防学生欺凌和暴力事件的发生，建设无欺凌校园，学校应将预防学生欺凌和暴力的工作纳入日常工作中，在学生欺凌和暴力事件发生之前，建立一套完整的防治学生欺凌和暴力的机制。首先，学校应建立学生欺凌和暴力的防治制度，成立防治学生欺凌和暴力工作领导小组；其次，学校须确立防治学生欺凌和暴力的流程，包括对欺凌萌芽、标准欺凌及校园暴力事件的处理流程；最后，学校还需要开展防治学生欺凌和暴力的相关教育、培训工作，包括教师培训、家长培训和学生活动。基于上述内容，学校可以建立一套完整的防治学生欺凌和暴力的体系。

第一节
建立学生欺凌和暴力的预防制度

建立学生欺凌和暴力的预防制度需要包括以下三个方面的内容。一是学校应成立防治学生欺凌和暴力工作领导小组，确定领导小组的人员构成、主要职能和组织运作方式。二是由领导小组成员共同商讨，依托教育部关于防治学生欺凌和暴力的相关政策与指导意见，制定基于本校实际情况的预防学生欺凌和暴力的制度，包括对学生欺凌和暴力事件的预防、应对与处置、善后与恢复。三是基于防治学生欺凌和暴力的制度，学校需进一步根据《加强中小学生欺凌综合治理方案》的要求，明确防治学生欺凌和暴力工作中各方（包括学校领导、教师、学生、家长、社区、派出所、司法部门等）的责任，以保证防治工作有序开展。

一、成立防治学生欺凌和暴力工作领导小组

学生欺凌和暴力问题不同于学校日常管理中的常规性问题，它需要有一个专门的组织和一套专业化的防治机制及方法对其进行有效的预防和干预。因此，学校务必成立防治学生欺凌和暴力工作领导小组，有针对性地负责学生欺凌和暴力的预防与干预工作。

（一）防治学生欺凌和暴力工作领导小组人员构成

在人员构成上，防治学生欺凌和暴力工作领导小组应包括校级领导代表、教师代表、家长代表、社区代表、派出所代表和司法部门代表。（见图 2-1）

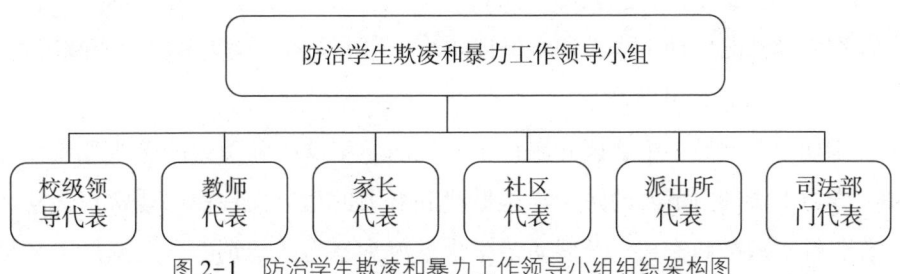

图 2-1　防治学生欺凌和暴力工作领导小组组织架构图

- 校级领导代表是防治学生欺凌和暴力工作领导小组的主要负责人，负责统筹领导小组的工作，可由学校校长、书记、德育副校长或法治副校长等校级领导担任，可根据各学校的具体情况，由具备学校危机管理经验的领导担任主要负责人。
- 教师代表是领导小组的核心成员之一，可以由年级主任、班主任和心理教师以及一些必要的学科教师组成。
- 家长代表是领导小组的重要成员，学校可以邀请具有法律、心理和教育专业背景且热心于孩子教育的家长担任领导小组成员，或者由学校家长委员会成员担任。
- 社区代表可以由学校所在地区的居委会或村委会成员担任。社区的参与可以最大限度地发挥居委会或村委会和广大居民的力量，协助学校宣传反学生欺凌和暴力，并开展社区活动，预防学生欺凌和暴力。
- 派出所代表和司法部门代表的参与不仅可以保障领导小组日常会议的讨论符合法律法规和公检法程序，还可为应对、处置学生欺凌和暴力事件提供便利。派出所代表可由学校所在辖区的派出所警察担任，司法部门代表可由学校所在辖区的法院人员担任。

（二）防治学生欺凌和暴力工作领导小组的主要职能

防治学生欺凌和暴力工作领导小组应全面负责学校防治学生欺凌和暴力

的指导工作，安排校长、教师、家长、社区、派出所和司法部门的分工，各方应视实际情况启动工作，切实保证防治工作中人力、物力和财力合理配置。

1. 预防阶段的具体职能

定期召开领导小组会议并制订学校预防学生欺凌和暴力的阶段性工作计划，学习上级部门下发的防治学生欺凌和暴力的指导文件，部署常规性防治工作；针对教师和家长，开展防治学生欺凌和暴力的培训；开展反欺凌和暴力的学生活动；建立学生欺凌和暴力事件的处置机制；制订针对欺凌者、被欺凌者的教育与辅导方案。

2. 处置和应对阶段的具体职能

建立学生欺凌和暴力事件的报告制度，确保报告途径多样、上报过程通畅；接受并调查来自各方的关于学生欺凌和暴力事件的报告；对上报的学生欺凌和暴力事件进行判定并提出处置意见；请求社会相关部门配合处理学生欺凌和暴力事件；与当事学生家长沟通解决相关事宜；根据校规校纪对欺凌者进行处罚；将行为情节严重的欺凌者移交专门（工读）学校进行教育。

3. 善后与追踪辅导阶段的具体职能

制订学生欺凌和暴力事件善后恢复计划；对学生欺凌事件的处置过程进行完整和翔实的记录；如有必要，对公众和媒体公布事件调查结果；对欺凌者和被欺凌者进行持续的追踪辅导；对全校师生开展反学生欺凌和暴力的教育活动。

二、明确各方在学生欺凌和暴力事件处理过程中的基本责任

要使防治学生欺凌和暴力工作领导小组建立的各类机制与制度得到有效落实与执行，就必须明确学校、教师、学生、家长、社区、派出所在防治学生欺凌和暴力工作中的基本责任。（见表2-1）

表 2-1　防治学生欺凌和暴力工作中各方基本责任

	主要责任	具体职责
学校	负责预防与处理学生欺凌和暴力的主要工作，组织全校师生开展各种培训活动，负责对学生欺凌事件进行处置，建设无欺凌校园。	制订防治学生欺凌和暴力的校规校纪； 对家长和教师进行防治学生欺凌和暴力的专题培训； 组织防治校园暴力的演练活动； 开展预防学生欺凌和暴力的学生活动； 建立防治学生欺凌和暴力的社会联动机制； 对学生欺凌事件进行判定与处置； 向上级主管部门汇报学生欺凌事件。
教师	负责预防与处理学生欺凌和暴力的具体工作，发现并判断学生欺凌和暴力事件，配合学校处理学生欺凌和暴力事件，开展各类班级活动。	制订反学生欺凌和暴力的班规； 开展反学生欺凌和暴力的班级活动； 在日常工作中向学生渗透反欺凌的理念和主张； 发现潜在的学生欺凌和暴力因素，并尽力将学生欺凌和暴力行为制止于萌芽状态； 对欺凌萌芽进行判定和干预； 对学生欺凌事件进行核查、上报，并参与处置； 对当事学生进行追踪教育与辅导； 视情况通知家长，并与家长交涉。
学生	反对、制止并报告学生欺凌和暴力事件。	友善对待同学，正视同学间的差异； 参与预防学生欺凌和暴力的学校及班级活动； 发现学生欺凌事件，向学校和教师汇报； 在确保自身安全的前提下，尽力阻止正在发生的学生欺凌事件； 保护、陪伴和尊重被欺凌者； 配合学校、教师处理学生欺凌和暴力事件。

续表

	主要责任	具体职责
家长	协助并配合学校预防和处理学生欺凌和暴力事件。强化家庭教育，担负起监护人的责任。	培养孩子反学生欺凌和暴力的意识； 为孩子营造温馨和谐的家庭氛围； 参与学校组织的各类反学生欺凌和暴力的家长培训； 发现并报告与孩子有关的欺凌事件； 配合学校调查与处置学生欺凌事件。
社区	协助学校发现、预防、处理学生欺凌和暴力事件，加强对学校周边环境的监控，帮扶社区中在家庭教育方面有困难的家庭。	加强学校周边的监控，及时制止学生欺凌事件，并报告学生所在学校； 必要时，配合学校对学生欺凌和暴力事件进行处置及干预； 关注社区里缺乏家庭教育和关怀的欺凌者或被欺凌者。
派出所	协助学校预防、处理学生欺凌和暴力事件，参加学校开展的法治教育活动与培训，对行为情节严重的欺凌者及家长进行警示教育。	指导和监督学校做好校内及校园周边的安全排查与巡逻工作； 对行为情节严重的欺凌者及其监护人进行警示教育； 协助学校处置校园暴力事件，必要时可动用警力控制校园暴力事态。

三、防治学生欺凌和暴力工作领导小组的工作细则

在确定防治学生欺凌和暴力工作领导小组的主要成员及职能，并明确各方在防治学生欺凌和暴力工作中的职责后，需细化领导小组的工作职责。具体工作细则包括以下七点。

1. 定期召开领导小组会议，通报近期学校发生的学生欺凌和暴力相关事宜，并讨论具体的处置措施。

2. 定期向教师、学生和家长宣传并组织他们学习关于学生欺凌和暴力的

政策文件与实用手册。

3. 每学期开展防治学生欺凌和暴力的学生活动，并邀请家长参加。

4. 组织开展防治暴力的应急演练，统筹安排防治学生欺凌的校园和班级活动。

5. 与学校安全工作小组合作，加强校园周边综合治理，协助有关部门共同维护校园及周边安全。

6. 建立学生欺凌和暴力事件的报告制度，明确学生报告、家长报告和教师报告的记录、判定与处置程序。

7. 建立学生欺凌和暴力事件的判定制度，根据《加强中小学生欺凌综合治理方案》的要求，严格区分和定义学生玩闹、欺凌萌芽、标准欺凌和校园暴力，并且征求学校家长委员会的意见。

学校还可以根据自身情况和特点适当增加具体的工作内容，来完善领导小组的工作职能，使其在防治学生欺凌和暴力工作中更好地发挥作用。

第二节
确立防治学生欺凌和暴力的工作流程

学校需要成立防治学生欺凌和暴力工作领导小组，建立防治学生欺凌和暴力的基本制度，并明确各方的基本职责。在此基础上，学校还需依托领导小组，制订完整的防治学生欺凌和暴力的标准工作流程。

学校防治学生欺凌和暴力的总体工作流程主要包括三个重要的环节：学生欺凌和暴力的认识与预防环节；学生欺凌和暴力的完整应对环节；严重校园暴力事件的处罚与移交环节。学校和教师必须明确防治学生欺凌和暴力三个环节中每个环节的具体工作内容，按照"防于未萌—克于方萌—治于初发—抚于事济"的流程来防治学生欺凌和暴力。

一、学生欺凌和暴力的认识与预防环节

预防学生欺凌和暴力最为重要的是要做到"防于未萌",即将学生欺凌和暴力事件消除在萌芽状态,彻底遏制学生欺凌和暴力事件的发展。"防于未萌"需提高全体师生对学生欺凌和暴力的认识,培养全校师生发现潜在的学生欺凌和暴力因素的能力,建设无欺凌校园。学校可以通过以下方式对学生欺凌和暴力进行有效预防。

1. 提高全校师生对学生欺凌和暴力的认识

预防学生欺凌和暴力最有效的方式,是从根本上提升师生对学生欺凌和暴力的认识,让师生发自内心反对学生欺凌和暴力行为,增强学生的法律法规意识。提高全体师生对学生欺凌和暴力的认识,主要通过学校活动、师生培训和家校合作等途径来实现,具体内容如下。

- 开展无欺凌校园建设活动,起草《反欺凌和暴力公约》;举办"反学生欺凌"学校文化周,通过诸如戏剧演出和音乐表演的形式,传播反学生欺凌和暴力的思想。
- 加强反学生欺凌和暴力的学生、教师和家长培训,通过谈话会、研讨会、专题演讲等形式对教师和家长展开培训;通过班会或反学生欺凌活动课程与艺术表演等形式对学生进行培训。
- 要求家长加强反学生欺凌和暴力的家庭教育,家长需要让孩子知道什么是欺凌、为什么欺凌是不对的,教会孩子尊重同学间的个体差异,并以身作则,为孩子做好榜样。
- 学校与社区联合宣传普及法律知识,提高青少年、家长及社区居民对青少年违法犯罪后果的认识,知道学生欺凌和暴力行为是一种违法行为。

- 针对留守儿童、服刑人员未成年子女、贫困青少年和外地务工子女，开展家庭教育、社交教育和成长规划等服务，帮助其与同学正常相处，促进其健康成长。

2. 培养全校师生发现潜在的学生欺凌和暴力因素的能力

在全校师生认识到学生欺凌和暴力问题严重性的基础上，学校还需要培养全校师生发现可能演变为学生欺凌和暴力的潜在因素的能力。具体来说，一方面应更多地关注一些可能卷入学生欺凌和暴力事件的学生，另一方面要努力发现一些可能演变为学生欺凌和暴力的冲突与矛盾，主要包括以下几点。

- 关注班级中的"小群体""小团体""小帮派"等。
- 关注弱势学生和特殊家庭学生群体。
- 关注班级中乐于表现的学生、有一定影响力的学生、争强好胜的学生、班级里的"小霸王"等。
- 关注学生间不经意的、带有侮辱性的外号和辱骂行为。
- 关注学生间的小矛盾、小冲突及彼此间的嫉妒等。

3. 建设无欺凌校园

只有建设无欺凌校园，学校才能有效预防学生欺凌和暴力事件的发生。无欺凌校园由和谐的、平等的、友善的校园文化和校园环境构成。无欺凌校园是学校防治学生欺凌和暴力的终极目标。学校建设无欺凌校园需要做好以下几方面的工作。

- 制订完整的防治学生欺凌和暴力的具体措施，明确各项措施的流程与内容。
- 加强学校的日常德育工作。
- 开发调查工具，进行学校学生欺凌和暴力事件情况的周期性摸底调查。
- 开展反学生欺凌和暴力的学生活动，如学校开放日、学生戏剧表演等。
- 构建"家庭—学校—社区"平台，通过家庭、学校和社区三方联动，关注儿童身心健康发展。
- 建立学生心理健康档案，定期对学生进行心理状况的测量与干预。

二、学生欺凌和暴力的完整应对环节

防治学生欺凌和暴力应尽量做到"防于未萌"，但学生欺凌和暴力的发生往往使教师和学校管理者猝不及防，这就需要学校和教师做到"克于方萌、治于初发"，并在欺凌得到制止后做到"抚于事济"。当教师发现学生间发生了欺凌萌芽或者标准欺凌事件时，必须立刻对事件性质做出判定，同时向学校防治学生欺凌和暴力工作领导小组进行汇报。事件一旦被判定为欺凌萌芽或标准欺凌事件，教师就需要在防治学生欺凌和暴力工作领导小组的配合下立刻对事件进行干预和处置。事件得到处理后，防治学生欺凌和暴力工作领导小组还需要对事件进行善后处置以及对全校学生进行追踪辅导。这样，学校就有了一个完整的处置与应对学生欺凌和暴力事件的流程（见图2-2）。

1. 报告与判定阶段

在学生欺凌和暴力事件的报告与判定阶段，教师需要对学生欺凌和暴力事件的发生经过进行全面的了解，然后基于学生欺凌和暴力事件的特征对事件性质做出初步判定。

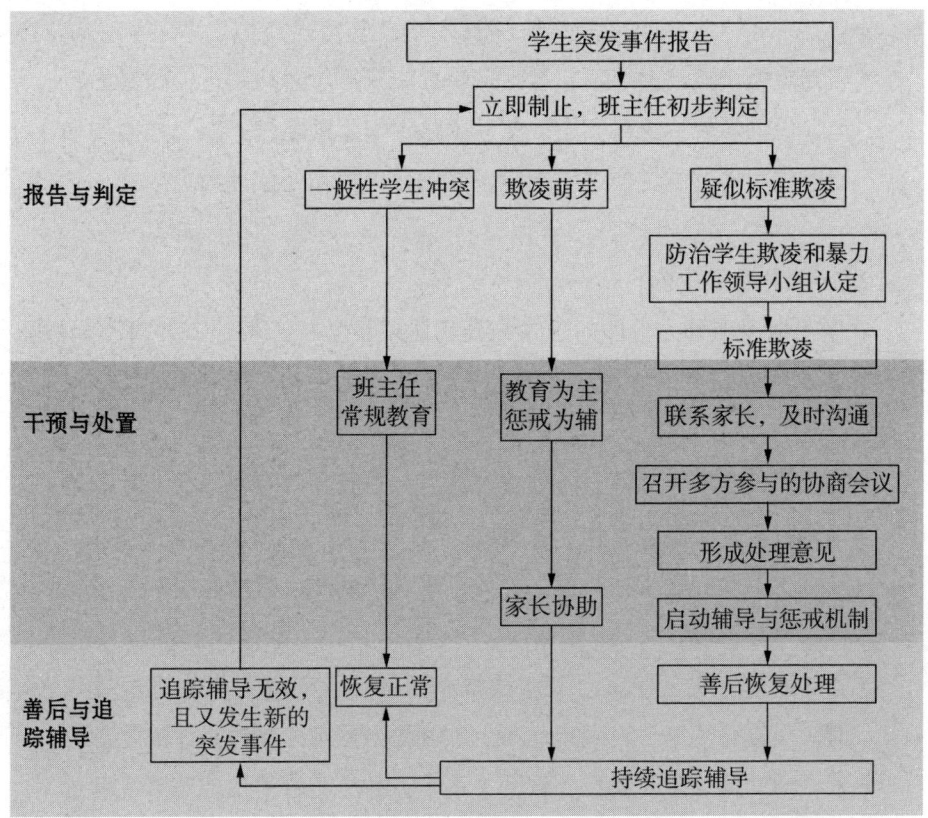

图 2-2　学生欺凌和暴力事件处理流程

- 若认为是一般性学生冲突事件，教师应开展常规的班级教育，对学生进行批评与辅导。
- 若为欺凌萌芽事件，教师不可掉以轻心，需要了解欺凌萌芽的原因，并按照欺凌萌芽的处理流程进行处理。
- 若判定为标准欺凌事件，教师则需要立即将事件的完整经过汇报给学校防治学生欺凌和暴力工作领导小组。防治学生欺凌和暴力工作领导小组需对事件的性质做进一步的判定，并制订具体的处置办法。

- 若判定为校园暴力事件，教师应想办法在第一时间制止校园暴力行为，保证学生的人身安全，然后由防治学生欺凌和暴力工作领导小组对校园暴力的性质进行判定，并制订干预和处置计划。

2. 干预与处置阶段

在学生欺凌和暴力事件的干预与处置阶段，学校和教师需要对不同性质的事件采取不同的干预与处置策略。

- 当教师判定事件的性质为欺凌萌芽时，在其尚未演变成标准欺凌事件时就应给予高度重视，此时应采取教育为主、惩戒为辅的办法，从根本上改变学生的行为，并要求家长协助配合教师共同对学生进行教育与辅导。
- 当防治学生欺凌和暴力工作领导小组判定该事件为学生欺凌事件时，学校必须第一时间启动学生欺凌防治预案，制订具体的处理办法，通知双方家长到校处理相关事宜，并且有针对性地对欺凌者进行惩戒与教育，同时妥善安抚与保护被欺凌者。
- 当防治学生欺凌和暴力工作领导小组确认事件为校园暴力事件时，同样需要家长配合学校处理相关事宜。如涉及违法行为，需请求公安机关配合处理，若施暴者非本校人员，则应移交司法机关进行处置，同时启动学生辅导机制，对学生进行相应的心理干预。

3. 善后与追踪辅导阶段

善后与追踪辅导阶段的重点在于恢复学校的正常秩序。主要办法是对当事学生以及全校师生进行持续的追踪教育与辅导。防治学生欺凌和暴力工作领导小组需要制订详细的学生欺凌和暴力事件善后恢复计划，包括对被欺凌者的安抚与保护、对欺凌者的教育与辅导及对全校师生的集体教育。如果有需要，还应邀请专业心理辅导机构人员对相关师生进行心理辅导。

最后形成完整的学生欺凌和暴力事件善后恢复报告，呈交教育管理部门备案。

三、严重校园暴力事件的处罚与移交环节

一些校园暴力事件可能会造成非常严重的后果，如导致师生伤残、伤害甚至死亡，发生大规模的持械群殴造成严重的人员伤亡等。此类校园暴力事件情节严重，需要引起学校的高度重视，并且需要公安和司法部门介入处理。图 2-3 呈现了完整的校园暴力事件处置流程。

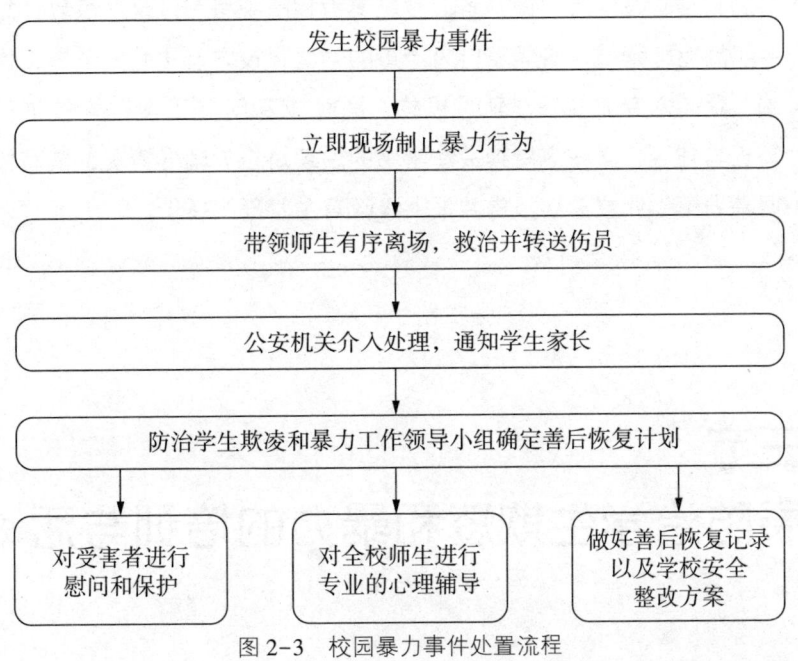

图 2-3　校园暴力事件处置流程

- 现场处置阶段：发生严重的校园暴力事件，班主任和教师要进行现场应急处理，立即制止事件，确认伤员情况，及时救治伤员并保护事故现场。

- 事件处置阶段：在防治学生欺凌和暴力工作领导小组判定事件为校园暴力事件后的三天内，学校需召开领导小组会议，商议并形成对校园暴力事件的具体处置意见。视情节轻重对施暴者进行停课、记过等处分，对被施暴者进行救治和保护，并与当事学生家长沟通协商。对于情节较严重的校园暴力事件，学校应立即通报警方，并征询公安和司法部门的意见来进行处置，维护当事人及其法定监护人的合法权益。

- 善后辅导阶段：针对施暴者、被施暴者和围观者制订善后恢复计划并实施追踪辅导。对偏差行为严重的学生，校方无法胜任辅导工作的，需转入专业的心理辅导机构、医院或专门（工读）学校进行矫正与辅导，学校应持续关注学生的后续矫正与辅导情况，撰写校园暴力事件处置总结报告并报上级教育主管部门备份。

第三节
开展防治学生欺凌和暴力的培训与活动

目前，我国学校在防治学生欺凌和暴力方面的工作尚处于起步阶段，教师、学生和家长都相对缺乏有关防治学生欺凌和暴力的知识与技能。为了更加有效地防治学生欺凌和暴力，学校应定期开展针对教师、学生家长的防治学生欺凌和暴力的培训，同时组织预防学生欺凌和暴力的学生活动以及校园暴力事件应急处置的模拟演练。

一、教师培训

在防治学生欺凌和暴力的过程中，教师扮演着重要角色。教师尤其是班主任是班级的管理者，对学生在学校的行为负有一定的责任，所以有必要对教师进行培训，加强其对防治学生欺凌和暴力的认知，以发挥其在防治学生欺凌和暴力中的重要作用。学校还可以通过邀请专家进行专题讲座、举办主题沙龙和研讨会、开设短期培训课程、为教师提供网络资源与案例等方式，针对教师开展培训。主要培训内容应包含以下几个方面。

（一）了解学生欺凌和暴力

本部分的培训旨在帮助教师了解学生欺凌和暴力的基本概念，使教师能区分一般性学生冲突事件、欺凌萌芽事件、标准欺凌事件、校园暴力事件，帮助教师判定事件的性质，从而采用不同的方法进行处理和应对。通过培训可以提升教师对学生欺凌和暴力的认识水平，使教师树立反学生欺凌和暴力的意识。

- 专题一：欺凌萌芽的概念、构成要素、人员构成和危害；欺凌萌芽与一般性学生冲突事件和标准欺凌事件的区别；发现和应对欺凌萌芽的重要性。
- 专题二：学生欺凌的概念、构成要素、人员构成、类型和危害；标准欺凌的针对性应对策略。
- 专题三：校园暴力的概念、构成要素、人员构成、类型和危害；学生欺凌与校园暴力的异同；与校园暴力相关的法律法规和文件。

（二）教师预防学生欺凌和暴力的方法

本部分主要培训教师尤其是班主任如何通过各种措施和活动来预防学生欺凌和暴力，使教师掌握在班级内有效开展预防学生欺凌和暴力的方法，同时培训教师发现班级中潜在的学生欺凌因素的技巧。

- 专题一：如何开展预防学生欺凌和暴力的学生活动。
- 专题二：如何发现与核查学生欺凌事件。

（三）教师处置学生欺凌和暴力事件的基本技能

本部分主要培训教师掌握对欺凌萌芽进行早期干预、对标准欺凌进行应对、对校园暴力进行处置的基本技能和进行善后恢复的基本方法。

- 专题一：处理学生欺凌和暴力事件的能力。包括如何针对欺凌萌芽进行早期干预，如何针对标准欺凌进行应对，如何进行善后处理和追踪辅导，如何针对校园暴力进行处置，等等。
- 专题二：与学生家长进行沟通协调的能力。包括如何安抚被欺凌者家长的情绪，如何让欺凌者家长担负起监护人的责任，如何组织双方家长进行面谈，如何避免家长会面过程中矛盾的激化。
- 专题三：寻求支持的能力。包括遇到各种困难如何向其他部门进行求助，如何建立良好的家校合作机制和社会联动机制，在防治学生欺凌和暴力中如何寻求家长的支持，如何寻求防治学生欺凌和暴力工作领导小组的支持，如何寻求上级教育部门的支持，如何寻求公检法相关部门的支持，等等。

（四）教师处理学生冲突的各类通识技能

本部分主要培训教师掌握处理学生冲突的各类通识技能，这些技能可以确保教师和学生顺畅地沟通与交流。

- 专题一：教师与学生沟通技巧的培训。包括如何与青春期学生交流，如何敏锐地察觉学生的心理与行为变化，如何正确地理解与关心学生。

● 专题二：如何营造无欺凌的班级氛围。包括如何召开反学生欺凌和
暴力的主题班会，如何开展增进师生关系的学生活动，如何设计反
学生欺凌和暴力的班规班训，等等。

二、家长培训

家庭环境和家庭教育是影响学生欺凌和暴力行为的重要因素，很多学生欺凌和暴力事件"病因"在于家庭，"病象"显现于学校，"病情"恶化于社会。重视家庭教育对防治学生欺凌和暴力至关重要。针对学生家长的培训，主要在于帮助家长了解学生欺凌和暴力，认识到家庭教育和家庭氛围对预防学生欺凌和暴力的重要作用，掌握防治学生欺凌和暴力的有效措施。学校可以通过召开主题家长会、定时进行家访、开设家长学校、印发指导手册等方式培训家长。

（一）了解学生欺凌和暴力

通过培训帮助家长认识学生欺凌和暴力的基本概念，了解孩子所在学校已有的防治学生欺凌和暴力的相关政策与规定，树立起反学生欺凌和暴力的意识。

（二）家庭教育与家庭氛围对学生欺凌和暴力行为的影响

通过培训帮助家长了解家庭氛围、父母行为以及家庭管教方式与学生欺凌和暴力行为之间的关系。培训主要包括以下几方面内容。

1. 家长行为的示范作用。

2. 父母不当的管教方式对学生欺凌行为的影响。

3. 良好的家庭教育对学生行为的影响。

4. 营造良好的家庭氛围，关心孩子健康成长。

（三）家长预防与干预学生欺凌和暴力的主要方法

通过培训使家长掌握预防与干预学生欺凌和暴力的具体方法、措施，包括以下内容。

1. 发现与关注孩子行为的变化。

2. 勇敢面对学生欺凌和暴力问题，通过合理合法的途径，家校合作共同处理学生欺凌和暴力事件。

3. 配合学校开展反学生欺凌和暴力的家庭教育。

4. 在日常生活中塑造孩子的思想道德品质。

三、学生活动

（一）学生欺凌模拟法庭

学校和教师可以尝试通过学生欺凌模拟法庭，围绕学生欺凌和暴力主题对学生进行生动的法治教育。通过扮演欺凌者与被欺凌者，学生与防治学生欺凌和暴力工作领导小组成员共同商议给"欺凌者"一个公正公平的"处罚"，并让学生知晓学生欺凌与暴力行为不是一种普通的攻击行为，除了要接受学校的处罚，还需要承担相应的法律责任。举办学生欺凌模拟法庭时要注意以下几点。

1. 模拟法庭要庄重、严肃。学生欺凌模拟法庭虽然是模拟的，但不能让学生认为这是一种"游戏"或"表演"，必须要让学生意识到学生欺凌和暴力问题的严重性与严肃性，使学生对学生欺凌模拟法庭产生敬畏之情。

2. 模拟法庭应避免过多的说教。要给"欺凌者"充分的自我辩护机会。学生欺凌模拟法庭不是对"欺凌者"进行批评和惩罚的场所，而是通过教育和启发的手段，让学生充分意识到学生欺凌和暴力问题会涉及违法的行为。给予"欺凌者"充分自我辩护的机会，有助于教师和学生发现导致学生欺凌和暴力事件发生的诱因。

3. 对于"欺凌者"的"处罚"要充分听取广大教师和学生的意见。可以将一些达成共识并获得广泛认可的处罚办法记录下来，呈报防治学生欺凌和暴力工作领导小组，作为今后处置学生欺凌和暴力事件的具体办法。

（二）反学生欺凌和暴力学校开放日

学校应定期联合法院、检察院等相关部门，并邀请学生家长共同组织反学生欺凌和暴力学校开放日活动。开放日活动要紧密联系"反学生欺凌和暴力"主题，安排"反学生欺凌和暴力"的主题报告、布置宣传展板、设立各类问题的咨询台、举办"法律常识亲子竞答"等活动。通过校园开放日活动，在轻松的氛围中，学生和家长可充分了解以下内容。

1. 如何预防学生欺凌？遇到学生欺凌时该怎么办？

2. 哪些法律可以保护自己免受欺凌？

3. 学校在防治学生欺凌和暴力方面具体有哪些措施？欺凌者需要承担什么样的后果？

4. 近年来本地区学生欺凌和暴力以及未成年人犯罪的案例分析和最终处置结果。

通过反学生欺凌和暴力学校开放日活动，学生和家长可以进一步了解与学生欺凌和暴力相关的法律知识，树立法治观念，使学生做到学法、懂法、守法、用法，提升全校师生的反学生欺凌和暴力意识。

（三）反学生欺凌和暴力的各类集体活动

目前，我国反学生欺凌和暴力的学生活动主要通过上述两种途径展开，建议所有学校定期通过上述两种途径开展反学生欺凌和暴力的学生活动。一些具备更多条件的学校还可以通过下列方式和途径开展更多的学生活动。

- 协作劳动活动：学校可以利用植树节和青年节等节日，让学生分组进行协作劳动，共同完成一个劳动任务。首先，通过协作劳动提升班级学生间的合作意识；其次，通过协作劳动增进学生间的相互了解，引导学生发现同学学习生活之外的亮点；再次，教师在整个活动过程中，要认真观察学生行为以及学生间关系上的微妙表现，观察并记录学生间的不和谐情况或小团体表现。

- 反学生欺凌和暴力宣传设计活动：学校可以开展诸如反学生欺凌和暴力的海报设计、歌曲设计以及标语设计活动等，鼓励学生集思广益，提出自己的反学生欺凌和暴力理念。开展设计活动的整个过程也是学生自主提升反学生欺凌和暴力意识的过程，有利于学校反学生欺凌和暴力氛围的整体建构。

- 反学生欺凌和暴力的艺术表演活动：具备条件的学校可以通过角色
  扮演与编排戏剧、小品和课本剧的形式宣传反学生欺凌和暴力的思
  想，提升学生反欺凌和暴力的意识。通过排练，学生间可能会产生
  矛盾，但也可能带来更多交流和沟通。教师在这个过程中要对学生
  进行相应的辅导，促进学生间的相互理解与尊重，为共同完成一个
  目标一起努力。教师需要清楚反学生欺凌和暴力的艺术表演活动的
  结果不是最终目的，整个编排和演练的过程对构建和谐学生群体有
  着重要的意义。

- 策划、讨论并制订反学生欺凌和暴力的班规：不具备开展上述学生
  活动的学校可以通过组织各班学生集体参与策划、讨论并制订反学
  生欺凌和暴力班规或班训的方式来预防学生欺凌和暴力。此活动的
  意义在于通过学生的集思广益提升其反学生欺凌和暴力的意识。制
  订班规的过程必须征求全班每名学生的意见，并且分小组进行讨
  论，每名学生都必须阐述自己对反学生欺凌和暴力的态度与看法。

四、防治学生欺凌和暴力的演练

　　防治学生欺凌和暴力的演练是指在暴力事件发生的虚拟条件下，学校各
部门人员履行与真实情境相一致的职责和执行相应任务的排练活动。开展防
治学生欺凌和暴力的演练，以演练的方式对学校的预防机制进行效果检测，
可以明确各方的岗位职责，提高相关教职工对学生欺凌和暴力事件的预防能
力和处置能力，在实际演练中发现管理应对和处置流程中的不足，促进部门
间、人员间的协调配合。因此，学校积极开展规范、有序的防治学生欺凌和
暴力的演练，既可以向学生传达学校反欺凌的态度和决心，又可以提高学校
防治学生欺凌和暴力工作领导小组应对和处理学生欺凌和暴力事件的能力。

　　首先，需要由学校防治学生欺凌和暴力工作领导小组负责成立演练小组
并制订演练计划，统筹演练人力和物力资源，组织进行演练前的检查工作。

演练预案中应明确演练的背景、时间和地点，确定演练人员，设计演练情境，尤其需要重视对演练人员具体职责的说明和讨论，以保证演练顺利开展。

其次，整个正式演练过程应重视流程的演练，明确各部门职责，保证各部门按照流程介入和处理欺凌和暴力事件。在具体演练过程中，演练小组需要详细记录演练各流程的执行情况。学生欺凌和暴力事件的演练记录表需包含收到学生欺凌或暴力事件报告的时间与处理情况、防治学生欺凌和暴力工作领导小组召开会议的时间与处理决定、对事件进行判定的时间和结果、对已判定为学生欺凌或暴力事件的应对与处置情况、对当事学生的善后辅导情况、与家长的沟通情况、与公检法部门的联动情况、学校正常教育教学秩序的恢复情况等。

组织防治学生欺凌和暴力演练的目的不是实现整个演练过程的逼真和生动，而是发现现有工作和流程的不足，为进一步完善各部门职责、提高相关人员工作效率提供依据，从而有效预防真实情境中学生欺凌和暴力事件的发生。因此，在演练结束后，一定要及时对演练进行客观、公正的评价和总结，发现问题并提出整改意见。

第四节
发现班级中隐藏的学生欺凌因素

预防学生欺凌和暴力要做到"防于未萌"，这就要求学校教师在增强防范意识的同时，还应掌握必要的方法来发现班级中隐藏的可能导致学生欺凌事件发生的因素。与发现真正的、既成事实的学生欺凌和暴力事件不同，预防阶段重在发现班级中容易诱发欺凌事件的隐藏的学生欺凌因素，这些因素包括个人因素、同伴关系、学校环境、大众传媒等。这些因素可能会导致学生性格和心理上的较大差异，这些差异有可能成为学生欺凌和暴力事件发生的导火索。

一、隐藏的学生欺凌因素的危害性

隐藏的学生欺凌因素往往潜伏期比较长，因而不容易被发现和处置。由于学生已经对这些因素习以为常，教师通过批评与惩罚很难将之消除，反而还会有导致学生自暴自弃或报复他人的可能。而对这些隐藏的学生欺凌因素，如果教师放任不管，必然会破坏友善班级的建设，使学生缺乏安全感甚至形成错误的世界观和价值观。

二、发现隐藏的学生欺凌因素的作用

发现隐藏的学生欺凌因素并不是给班主任增加额外的教学和管理负担，而是班主任了解班级学生学习和生活状态、建设友善班级的一项重要工作。班主任不应忽视发现隐藏的学生欺凌因素的重要性。

1. 了解班级学生的"另一面"

一些学生往往有不为班主任所知的"另一面"，无论是性格还是行为上都会与班主任所认识和了解的有差异。例如，很多受班主任信任的班干部往往会利用自己的权力和影响力去孤立某位同学；在班主任面前唯唯诺诺的学生，可能私下里是张狂的"小霸王"；等等。这些所谓学生的"另一面"，班主任是无法通过正常的班级管理或学生活动来发现的。这就要求班主任通过一定的办法来了解学生的"另一面"，进而针对具体学生的不同特点因材施教。

2. 有利于建设友善班级

一些学生会在班级中形成"小团体"，"小团体"会成为他们孤立其他同学的依托。一般情况下，教师能够意识到"小团体"的存在，但对于"小团体"往往无计可施，一味批评反而会导致其内部越来越团结。这就要求班主任掌握正确的方法来劝说"小团体"内部的核心成员，使得"小团体"在建设友善班级中发挥正面、有利的作用。

3. 增强学生的反欺凌意识

教师在了解并发现隐藏的学生欺凌因素的基础上，可以针对具体因素开展相关的主题教育活动或班会，提醒大家注意并预防这些隐藏的学生欺凌因素，通过正面的引导和教育，引起班级学生的注意，达到增强班级学生反欺凌意识的效果。

三、如何发现班级中隐藏的学生欺凌因素

（一）关注潜在的欺凌行为危险因素

学生欺凌事件中的欺凌者往往具备许多共同特质，当此类学生出现不当行为时，教师需要给予格外的关注与重视。在班级生活中，此类学生的行为或表现往往会具有以下特征。

- 管理和控制自己情绪的能力较差。
- 常常违反校规校纪。
- 喜欢争强好胜，嫉妒心较强。
- 个性冲动，容易与同学发生冲突。
- 在自己的小团体中处于"领导"位置。

如果教师发现此类学生在班级中与同学发生冲突，需要给予其格外的关注，了解其行为的动机，切忌在证据不足的情况下对其进行责罚与批评，否则容易造成其对教师的怨恨和对同学的报复。

（二）关注可能演变为学生欺凌的玩闹行为

欺凌行为应具备"以强凌弱、身心攻击、重复实施、遭受痛苦"这四个要素，因此，学生间的一些冲突行为、打架行为或相互取没有恶意的外号是不能被视作学生欺凌事件处理的。

教师需要关注那些有可能演变为学生欺凌的打闹和玩笑行为，具体有以

下行为表现。

- 以强凌弱、以大欺小的攻击性行为，往往在身材、年龄、性格、班级地位等方面表现出一定的强势。
- 给同学起带有侮辱性的外号，并以此取笑该同学。
- 因为与某同学生气，要求自己的"小团队"或好朋友不要与该同学来往。
- 损坏某同学的物品后，不认错且拒绝道歉。
- 经常说脏话并辱骂同学，并不以为意。

发现上述行为，教师必须予以重视，除了对当事学生进行批评教育，还应调查事情发生的经过，进一步判定该事件是否可能演变为学生欺凌事件。如果存在着演变为学生欺凌事件的可能性，则需要按照欺凌萌芽进行处理。

（三）关注学生的不正当行为

教师应关注那些存在着异常行为的学生，其异常行为的后面往往隐藏着不为人知的原因。例如，想引起教师或同学的关注、彰显自己的力量或权威而出现的不正当行为，由于嫉妒或厌恶引发的报复行为，自暴自弃的行为，等等。

1. 为引起注意的不正当行为

学生都希望得到教师、同学的关注和认可，而有些学生则通过不正当的行为引起教师和学生的关注。如故意捉弄同学、随便拿同学的物品、大声喊同学外号引起其他同学的哄笑、向同学投掷垃圾等，这些行为都会引起教师和学生的注意。如果教师没有进行正确的引导，将会导致该学生默认不正当的行为是一种引起别人注意的好方法，进而得寸进尺，演变为欺凌萌芽。

2. 为彰显力量或权威的不正当行为

部分学生会通过违反班规、打骂和孤立同学来显示自己的力量和权威，证明自己在班级里的重要性。例如，让同学为自己服务、不让其他同学跟某个同学一起玩、打自己看着不顺眼的同学等。学生这些行为的最初目的是彰显自己的力量或权威，如果教师仅对其予以简单的批评，并未进行正确而有效的干预，那么，学生并不会从根本上改变这种行为，反而可能会为达到目的变本加厉，使此类事件成为学生欺凌的萌芽。

3. 报复行为

一些争强好胜的学生，遇到在某些方面比自己优秀的学生时容易产生挫败感，会心存嫉妒之意，有的就会伺机报复被嫉妒的同学。这一萌芽刚被发现时，教师如果处置不当，就可能导致学生怀恨在心，进而在教师不注意的情况下，私底下对被嫉妒的同学进行长期的欺负，最终导致学生欺凌事件的发生。

4. 自暴自弃行为

当学生自暴自弃时，往往不会考虑自己做事情的后果，也不会对自己的行为负责。这种情况下，学生由于不开心或愤怒，可能会通过打骂同学来进行发泄。教师如果不了解该学生欺负同学的原因，只是一味地严厉批评，反而会适得其反，甚至会使该学生对学习和生活彻底失去希望，发生自残和自杀的行为。

（四）关注班级中的"小团体"

学生欺凌和暴力的一种主要形式就是孤立和排挤，而孤立和排挤往往都是一个群体针对某个或某几个学生进行的，所以教师必须关注班级中存在的"小团体"。此类"小团体"形成的主要原因包括以下几方面。

（1）趣味相投：班级中学生的共同兴趣、爱好或行为习惯往往是形成"小团体"的先决条件。

（2）同病相怜：班级中常常有这样一类学生，一方面感觉自己不是班级的主流，而是"边缘人""弱势群体"，另一方面他们内心也渴望被爱、渴望被重视。班级中有这种相同境遇的学生会逐渐走到一起，从而产生"小团体"。

（3）寻求认可：处于青春期的学生往往个性鲜明，但如果教师对其某种个性不予以认可或鼓励，具有这类相同个性的学生就会自发地组织起来，形成"小团体"。

（4）情感寄托：班级中学生的家庭社会背景各不相同，良好家庭环境的缺失使此类学生相互成为感情的寄托，他们相互扶助、述说心事，久而久之便形成了感情稳定的"小团体"。

学生是一个个鲜活的个体，彼此间必然产生交集，也必然会产生合群的倾向，正所谓"人以群分"。因此，学生中存在"小团体"有其必然性。面对这样的"小团体"，教师不必太紧张、太在意，自由选择伙伴、自发组织起来是学生成长到一定阶段必然出现的一种现象，它在一定程度上对于儿童成长有着积极的促进作用。然而，一些负能量的"小团体"对于集体而言具有一定危害性。它们轻则会削弱大集体的力量；重则会处处与教师正常的教育教学工作作对，降低班主任的威信，对良好班风的建设十分不利。班集体建设在班主任工作中的重要性不言自明，一旦出现这样的"小团体"，教师就要予以充分重视。

（五）关注班级中存在的歧视行为

学生在班级中所处的生活环境可看作一个小型的"社会"，由于家庭背景、身体特征和性格特点等方面存在差别，学生间有时会出现歧视行为，如排斥、嘲笑、捉弄甚至人身攻击等。教师往往会忽略学生行为或语言中隐藏的歧视行为，进而放松警惕，导致学生间出现不和谐的情况。因此，教师需要关注以下学生歧视行为的信号，杜绝类似情况的发生。

1. 厌恶情绪

当一个学生的言行、表现引起周围同学反感时，该学生就有可能遭到不同程度的歧视。对这种现象教师若没能找到行之有效的处理方法，就会造成学生歧视行为的出现。如果条件不具备，则厌恶的情绪不会立刻导致歧视行为的出现，但它会隐藏下来形成隐患，伺机待发。

2. 认知偏见

班级中学生成长的环境大不相同，学生对人和事情的认识因此也大相径庭，这种认识上的差异往往会演变为认知偏见，进而转变为学生间的歧视行为。

3. 价值观差异

价值观差异体现了不同学生看待事物的方式、方法以及过程、结果的差异。例如，A 同学被打了，B 同学将事情告诉了教师，有些学生认为 B 同学是见义勇为，而有些学生则认为 B 同学是向教师打小报告。这种价值观的差异最终会导致 B 同学受歧视。久而久之，就没有人再向教师报告此类事件，这个班级的班风最终就被彻底破坏。

面对学生间的歧视行为，班主任一定要对症下药找到歧视的症结所在，弄清楚这种歧视行为是"闹着玩，开玩笑"，还是"有意为之，故意捣乱"，抑或是"看热闹，瞎起哄"，还是因为某些原因施以报复。教师调查清楚歧视行为的原因后，应保护被歧视学生，可以在班级活动中创造机会使其有出色的表现，给予他无微不至的关怀。这样，其他学生就会因为教师的行为而对被歧视同学产生亲切感和尊重感。

教师发现班级中隐藏的学生欺凌因素是将学生欺凌和暴力扼杀于摇篮中的最好时机。上述介绍的各类隐藏的学生欺凌因素，教师在日常的学校生活中或多或少会接触到，但多数教师只是就事论事地去解决问题，甚至一些教师不以为然地认为只是学生间的玩笑和嬉闹，从而错过了最佳处置时期，为日后学生欺凌和暴力行为的发生埋下了祸根。因此，学校和教师在预防学生欺凌和暴力的过程中，须在日常的班级管理中多留心观察，及时处理类似的隐藏的学生欺凌因素，做到"防于未萌"。

再完美的预防措施也无法彻底消除学生欺凌和暴力事件，这也是欧美发达国家在研究和治理学生欺凌和暴力多年以后，学生欺凌和暴力事件还时有发生的重要原因。处于青春期的中小学生，行为和心理上往往会出现一些偏差，其行为具有大量的不确定性，这就要求学校管理者、教师和家长必须掌握应对欺凌萌芽和标准欺凌的方法。

第三章
如何发现和干预
欺凌萌芽

　　在日常的学校生活中，标准的学生欺凌事件尽管很少发生，但一旦发生，就会对被欺凌者造成伤害，再加上媒体曝光和社会各界的广泛关注，就会造成严重的后果和恶劣的影响。在日常的学校生活中，欺凌萌芽时常发生。如果对学生欺凌苗头处理不当，欺凌萌芽往往会演变为标准的学生欺凌。

　　因此，及时发现和干预欺凌萌芽既可以有效降低学生欺凌事件的发生率，也可以将学生欺凌消除在萌芽状态。教师通过科学的方法发现可能存在欺凌萌芽时，必须依据欺凌萌芽的定义判定其是否为欺凌萌芽，避免误把学生之间的善意玩笑和打闹当成欺凌萌芽来严肃处理，从而造成学生的紧张与不安。欺凌萌芽一经确认，教师应立即进入处置应对阶段，通过教育为主、惩罚为辅的形式彻底转变学生的行为方式。

第一节
一般性学生冲突与欺凌萌芽的区别

教师和家长常常会在学生欺凌的理解上产生误解，认为学生间的玩笑、打闹等言语和肢体冲突也是学生欺凌。这些误解以及对事件的上纲上线，容易将学生间的一般性冲突扩大为学生欺凌事件，造成学生和家长的恐慌，影响学校正常的教育教学秩序。媒体的不当渲染则会给全校师生造成更大的困扰和恐慌。因此，学校、教师和家长十分有必要明确一般性学生冲突和欺凌萌芽的区别。

在欺凌萌芽中，被欺凌者一定会遭受身心攻击且感受到痛苦。在此基础上，如果欺凌双方存在着一种力量的不均等且重复发生类似事件，则是标准的学生欺凌。学生间由一般性冲突引发的相互辱骂或打人行为等，只是学生间的冲突事件，此种行为不能被界定为欺凌萌芽或欺凌行为。

小刚是一名容易冲动的学生，经常无法控制自己的脾气，与同学嬉戏打闹常常会演变为与同学打架，事后小刚也非常懊恼和后悔。老师教育之后，小刚立即向被打同学道了歉。

在这个情境中，并不存在力量的不均等以及重复实施的特征，所以并非学生欺凌事件；小刚因为无法控制自己的情绪才与同学发生冲突，所以不具备故意对同学进行身心攻击的特点；而被打同学常常会予以反击，所以并没有遭受到实质性的身心痛苦。所以，小刚与同学的冲突事件不应被界定为欺凌萌芽或标准欺凌事件。

给同学取绰号与言语欺凌往往有着密切的关系。教师需要注意的是，在班级人际关系中，有些很要好的同学彼此私底下会以各种昵称或绰号称呼对方，这些绰号虽然有时带有嘲讽的意味，但当事人认为这个绰号没有对其生活和学习造成任何影响，听到绰号后当事人并没有任何不舒服的感觉，在这种情况下，这个绰号就是学生间一种"友好"的表示。教师和家长知道后切不可对此行为反应过度，以免造成班级不必要的紧张氛围。

相对而言，一些绰号会引起当事人的不满，使其心理上产生被嘲笑或被伤害的感觉，如有学生向教师报告"班里××同学被叫矮冬瓜，××同学伤心地哭了，但其他同学并未停止取笑"，此类绰号对当事人就构成了言语欺凌的萌芽，教师应立即阻止学生的这种行为，并积极介入处理，对学生进行教育。如果学生间的冲突针对某个学生或指定对象且目的是让其感到身心痛苦，教师必须将此类事件当作学生欺凌事件进行处理。

小丽和小静是同班同学，小静无论是学习成绩、才艺表现还是同学人气方面都要比小丽优秀，小丽对小静产生了嫉妒心理。小丽建立了一个QQ群把班里的同学拉进群里，讲一些关于小静的坏话并挑拨同学间关系，甚至还制订了第二天大家排挤和孤立小静的计划。群里的一名学生发现了事态的严重性，及时向班主任报告。班主任接到报告后，与小丽进行了一次谈话，了解其真实想法。之后，班主任与小静和小丽一起交谈，希望她们互帮互助共同进步，小丽向小静承认了错误，并希望小静能帮助自己共同进步。班主任通过恰当的处理方式，成功遏制了欺凌萌芽事件的发展。

上述案例是一个典型的欺凌萌芽的案例。案例中，小丽的行为已经对小静构成了身心攻击，如果排挤和孤立计划得以实施必然会导致小静遭受痛苦。然而，事发之初小丽与小静间并不存在力量的不均等（如果事件没有得到及时制止，由于更多协作者和围观者的加入，可能会导致小丽和小静间出现力量不均等），且欺凌行为没有反复实施，所以小丽的行为并没有构成标准的欺凌行为，教师需要按照欺凌萌芽进行处理。

由此可见，当学生间的冲突行为不存在力量不均等且没有对当事人造成身心伤害时，教师不能将类似的学生冲突当作欺凌萌芽进行处理。教师不需要将学生冲突事件上报至学校，也不需要在班级中进行过度的惩罚与集体教育，只需要及时制止学生间的冲突并对当事人按照班规进行批评教育即可。

对于欺凌萌芽，班主任必须提高警惕，一旦将事件判定为欺凌萌芽，就要按照欺凌萌芽的处理流程进行处理。

图 3-1 对一般性学生冲突、欺凌萌芽、标准欺凌之间的区别做了总结。

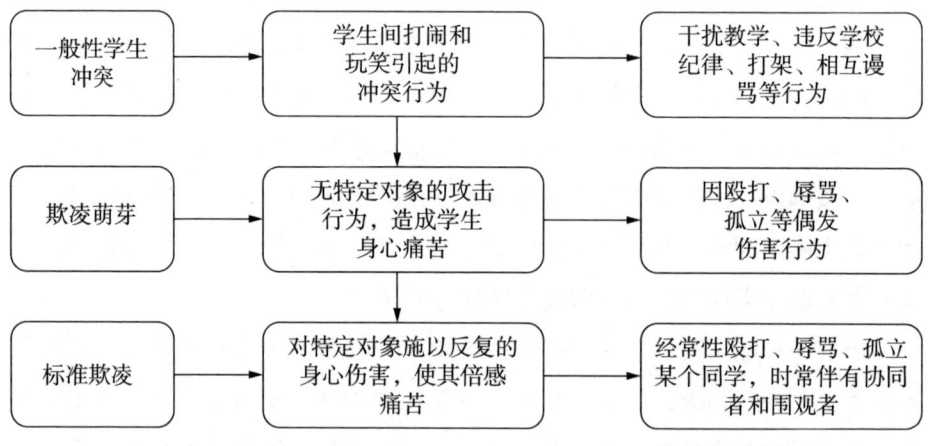

图 3-1　一般性学生冲突、欺凌萌芽、标准欺凌的区别

第二节
欺凌萌芽的发现与判定

教师尤其是班主任以及学生家长应掌握发现与判定欺凌萌芽的基本方法，有效地将欺凌行为扼杀于萌芽状态。发现欺凌萌芽的主要方法包括观察、谈话和调查，教师可以根据自己班级的具体情况采取相应的办法来发现欺凌萌芽。而对于欺凌萌芽的判定则要严格地依据欺凌萌芽的定义及其所包含的基本要素进行一一对应。

一、欺凌萌芽的发现

（一）学生个体的变化

学生的一举一动都反映出其在学校生活的状态，教师可以通过观察学生在学校生活的行为来判断其是否遭受了欺凌。学生受到欺凌后，其生理、心理、行为、个人物品以及同伴关系上会出现某些变化。教师或家长若仔细观察，一般会发现学生在行为等方面的异常。当学生发生下列变化时，表示其可能遭受欺凌或有被欺凌的危险。

1. 生理上的变化

当学生受到欺凌后，教师或家长很容易从学生外显行为或身体上看出其被欺凌过的痕迹。例如，学生身上有难以合理解释的伤口（如红肿、瘀青和割伤等），学生常会以不小心碰撞、摔倒和擦伤等为借口掩饰其受到欺凌；学生经常告知家长自己生病、肚子疼、头疼或其他不舒服症状，要请假在家休息，不想上学；出现失眠、做噩梦尖叫、食欲下降等异常现象。这些都是学生可能受到欺凌的表现。

小林是一名小个子男生，平时不太喜欢运动。最近学校体检，校医发现小林身上出现了一些瘀青的地方。班主任在询问小林伤痕造成的原因时，小林非常不自然地表示，是自己在体育课上不小心碰伤的。同时，小林的家长发现小林最近在家中郁郁寡欢，出现了不想去学校上学的情绪。班主任由此判断小林可能在学校或学校周边遭受了欺凌。于是，班主任与小林做了更进一步的交流，并询问了小林班里的朋友，发现了小林遭受学生欺凌的事实。班主任随即进行了早期干预，防止了欺凌事件的进一步恶化。

当班主任和学生家长发现学生某些生理上的不正常反应时，不可主观地判断仅仅是由于学生身体不适造成的，不可对此类事件掉以轻心，一定要多与学生交流，发现并确定造成学生生理变化的根本原因。

2. 行为上的变化

学生在遭受欺凌后，其在学校的学习和生活行为也往往会发生变化。最容易被察觉的现象有两种：一是学生在一段时期内到校时间突然发生变化，如提早到校或经常迟到，教师除了需要向学生询问变化的原因外，还需要立即与其家长进行沟通，确认学生上下学时间与其表述的时间是否相一致；二是被欺凌者往往会逃避其遭受欺凌的场所，如学生会因在厕所遭受欺凌而不敢上厕所，会因在校园内遭受欺凌而下课时不敢离开教室。

小珺曾经是一名乖巧的学生，但到了二年级时，她突然开始迟到，有时甚至请病假不去上课，并出现了厌学的情绪。班主任觉得非常奇怪。同时，小珺的妈妈也反映女儿近期经常无病呻吟，以前很喜欢去学校的女儿现在每天起床时都叫不起来。曾经性格开朗的她现在变得郁郁寡欢、沉默寡言，学习成绩明显下降。班主任和家长询问了几次无果。后来，班主任通过暗中观察，发现小珺的作业本及考试卷经常被其他几个女生扔进垃圾桶，小珺走路会被同学绊倒并嘲笑。显然，小珺遭受了学生欺凌……

当学生行为发生变化时，教师和家长往往简单地认为是因为学生进入了青春期或学生年龄增长了，但这只能解释部分学生行为的变化。教师和家长须通过观察与交流了解学生行为变化的深层次原因。学生一些行为习惯的改变有可能是害怕、恐慌以及不安造成的，教师和家长不可对此类情况掉以轻心。

3. 心理上的变化

教师或家长可以通过以下心理变化来判断学生是否存在被欺凌的隐患。例如，对课程学习突然没有兴趣，学习表现变差；在学校或家里闷闷不乐，突然变得少言寡语；刻意改变上下学的路线，不喜欢上学或开始逃学；情绪上突然变得焦虑、胆小、沉默寡言。被欺凌者由于遭受欺凌或威胁心生恐惧，此种恐惧有时会导致其害怕上学，甚至找出诸如头痛、身体不舒服等各种理由拒绝上学。此时，若被欺凌者没有得到及时帮助，就会产生消极情绪，甚至出现自我伤害或自杀等极端行为。

小智在班级中被几个男同学孤立和排挤，同时这几个男同学表示如果发现谁跟小智来往也会使其遭受同样的对待。因此，学生们对于小智遭受欺凌敢怒而不敢言。小智在家里和学校都闷闷不乐，一度向父母表示不喜欢现在的学校，想要转学。晚上，小智常常被噩梦惊醒，梦见有几个男孩子欺负自己。父母发现了小智的异常，通过耐心和仔细地询问，发现了小智被欺凌的事实……

当学生的情绪发生变化时，教师和家长千万不要掉以轻心，不能简单地认为是由学生成绩下降或早恋等因素造成的，一定要关心学生并仔细询问其原因。如果学生不愿意开口说出事情真相，教师和家长可以向其比较要好的朋友或班里有责任感的学生了解情况，以发现事情的真相。

4. 物品上的变化

一般情况下，学生被欺凌后，个人的书包、文具和衣服等会有所破损，个人用品会被恶意破坏或被抢走。而且，当教师或家长问及原因时，学生表达含糊不清或不敢回答，如"不知道被谁拿走了""我也不知道怎么弄丢了""不清楚怎么就坏了"等。被欺凌学生这样表述的目的就是让教师和家长不清楚其物品丢失和损坏的事实，有意隐瞒欺凌事件的真相。

这就需要教师和家长平日里多加注意，学生的物品是否经常性地遭到破坏。这属于不正常的现象，教师和家长不能视而不见。发现此类情况，教师和家长须第一时间进行沟通。

小学四年级的莹莹开学半个月已经丢失两个文具盒了，还丢失过签字笔、橡皮和尺子等文具。莹莹妈妈经常责怪孩子不够仔细，而莹莹却表现得十分委屈。于是，莹莹妈妈将事情告诉了班主任，班主任通过观察发现，有时莹莹离开座位后几个学生会将其文具损坏，等莹莹回来后发现自己损坏的文具时由于没有证据也只是敢怒而不敢言。这些学生的行为已经对莹莹构成了欺凌……

有些学生特别是男生由于嬉戏打闹可能会出现衣服和物品破损的情况，但如果有学生经常出现衣服和物品尤其是心爱的物品破损的情况，教师和家长就需要格外关注并了解学生衣服和物品破损的真正原因。

5. 同伴关系上的变化

同伴关系往往表现于学生间存在的"小团体"中，教师可以通过观察班级活动来了解学生间的同伴关系，以更加准确地掌握班级里每一个学生的班级"关系网络"。学生在遭受欺凌后，教师通过观察往往可以发现以下情况：

被欺凌者会减少与同学的沟通和交流，不太喜欢与别人讲话；下课后常常自己一个人活动，害怕与同学相处；有些学生还会长期被同学孤立。此时，被欺凌者心里往往非常痛苦和孤单，极有可能出现自残甚至自杀的行为。

小强是一个胖胖的男孩，但性格温柔、心地善良。跟同学一起玩时，同学们嘲笑小强身材肥胖。教师一开始觉得只是学生间的善意玩笑，并没有对之进行干预。渐渐地，同学们懒得取笑他了，开始排挤他，嫌他肥胖，不喜欢跟他玩。小强想加入集体活动，也常常遭到同学们的拒绝。这让小强非常伤心和难过，并且出现情绪低落的情况。教师这才意识到问题的严重性，原本的玩笑最后发展成为学生间的关系欺凌……

学生间的关系欺凌在学校班级生活中极其常见，学生间由于"小团体"的存在或学生间的相互嫉妒，很有可能发生孤立和排挤某些学生的情况。此类事件往往隐蔽性较强又对学生心理伤害较大，因此，教师和家长一定要了解学生间的相互关系，并善于观察其变化。

表3-1汇总了学生遭受欺凌后会发生的一些具体可观察的变化，教师和家长可以通过以下方法进行初步判断。

表3-1　学生遭到欺凌后可观察到的一些变化

生理变化	学生身体上有难以解释的伤口（划伤、瘀青等）
	学生突然出现食欲不振、恶心等反常表现
	学生突然表示有胃痛、头疼等疼痛情况
	学生经常做噩梦，睡眠质量下降
心理变化	学生常常情绪低落，少言寡语
	学生情绪上显得焦虑、胆小
	学生害怕去某些场所（厕所、校园的某些角落）
	学生出现抑郁甚至自杀倾向
物品变化	学生的个人物品出现损坏（文具、书包、衣服等）
	学生经济方面出现异常，零用钱花得很快
	学生物品常常丢失

续表

关系变化	学生很少与同学交流
	学生明显被同学孤立
	学生害怕参加互动性的集体活动
行为变化	学生上学路线发生变化，上下学时长明显变化
	出现无故上学迟到的现象
	放学常常不想回家或有意避开某些同学

（二）学校及周边容易发生学生欺凌的场所

教师和家长除了需要观察学生个人被欺凌后的变化，还应留心观察学校及周边容易发生学生欺凌的场所。这些地方往往具有隐蔽性、私密性以及管理松散的特点。大量的学生欺凌事件往往都发生在这些地方。以下场所需要教师和家长留心观察。

1. 学校内部场所

欺凌者为了逃避教师和学校其他工作人员的视线，往往会选择一些隐蔽场所对被欺凌者进行欺凌，如学校的厕所、天台、储物间和学生宿舍等地方。教师需要格外留心多个或几个学生聚集去以上场所的情况。学校也应根据自身条件尽可能在以上场所安装监控装置，如可以在厕所、宿舍等隐私场所的走廊安装摄像装置，通过观察欺凌者与被欺凌者进入和离开该场所时情绪、行为和身体上的变化，来发现学生欺凌的蛛丝马迹。

小钱转学来到新班级，害羞而内向的他不知道为什么成了一些男生欺凌的对象，而厕所成为小钱最常被欺凌的场所。每天只要下课，他通常都会被带去"上厕所"，小钱每天在厕所被同学打，逃出厕所又不敢向教师汇报，造成了极大的心理恐惧。直到多年后的同学聚会上，小钱向教师提及陈年往事，告知教师自己至今还每每在噩梦中惊醒，班主任方才对自己当年的失责行为后悔不已。

2. 学校门口及周边场所

学校门口及周边场所往往是学生大量聚集而又缺乏教师监管的区域，所以也成为学生欺凌事件的高发区域。特别是一些环境比较混乱的地方，如网吧、歌厅、桌球厅、市场、胡同等区域都应引起教师和家长的高度注意。学校可以联合所在社区居委会组成巡视小组，定期对学校周边进行巡视，同时提醒接送孩子的家长或热心群众发现异常情况时及时向学校进行报告。

班主任发现小霞经常无缘无故迟到，在与小霞的家长沟通后发现，小霞放学后经常出现不按时回家的情况。为了解小霞的真实情况，班主任指定一名班干部放学后跟踪小霞一段时间。后来，据班干部汇报，小霞在回家路上会经过一条偏僻的小胡同，小霞有时候会被几个其他班级的女生欺凌，甚至发生被扒衣服、扇耳光等严重的欺凌事件，而且小霞常被警告：如果敢说出去，就当着更多人的面把小霞扒光。后来，学校了解到这几个女生经常利用这条偏僻的胡同对一些过路女生进行欺凌，并以此为乐……

基于上述发现方法，教师可以大大增大发现欺凌萌芽的概率，做到防患于未然，但是教师切记避免对学生之间的一般性冲突和玩闹行为过分紧张。当教师发现了疑似欺凌萌芽行为时，还需要根据欺凌萌芽的定义对行为的性质进行判定。

二、欺凌萌芽的判定

当教师在日常工作中发现某些潜在的欺凌者与同学发生不正常的冲突行为时，教师要予以特别注意。教师要通过与当事学生的交流，了解此类行为发生的原因和经过，进而判定该行为是否具有欺凌萌芽的特征。判断学生间的冲突为欺凌萌芽可以根据以下两个标准。

1. 对学生的身心攻击

有些学生冲突行为发生时，双方在生气和愤怒的状态下发生了打骂行为，教师制止双方的冲突并按照学校和班级的纪律进行处罚即可。教师需要注意一些对学生带有侮辱性的身心攻击行为，其目的往往不单纯是发泄自己的愤怒，而主要是通过羞辱对方寻找乐趣和彰显自己的力量。例如，扒光同学衣服，按住同学双手攻击其身体敏感部位，辱骂同学的身体缺陷，不停往同学身上泼脏东西等。如果发生类似带有侮辱性的学生冲突行为，教师应提高警惕并按欺凌萌芽对学生进行处理。

2. 学生在冲突事件中感到自己受到很大侮辱

班级里学生间的性格和承受能力存在很大差异。同样的一个学生冲突事件，对当事者造成的影响也未必相同。例如，有的学生认为发泄完了相互认错道歉，事情就过去了；有的学生会怀恨在心，伺机寻求报复；有的学生则可能感觉自己遭受了莫大侮辱，进而形成心理阴影。

因此，被欺凌者的自述在教师判定事件性质时就变得极其重要。教师应更多地去判断冲突发生及解决后每个学生的心理变化。当冲突事件让当事学生感到非常沮丧和屈辱时，教师就需要按照欺凌萌芽的处理方法来进行干预。

第三节
如何对欺凌萌芽进行干预

当班主任得知班上发生了欺凌萌芽后，要立即介入予以制止，对当事人除了要进行批评外，还需要进行正面的教育与辅导，同时将事件发生的经过告知学生家长。在处理欺凌萌芽时，教师要掌握正确的处理方法，通过以教育为主、惩罚为辅、家长配合的方法对欺凌萌芽进行干预。

一、有针对性地对学生进行教育干预

1. 教导学生正确认识同学间的差异

被欺凌者往往与班级同学存在差异，这些差异包括身心发展、人格特征、学业表现等，如身高和体重与同学存在较大差距、男生具有女性化特征、生理发育特征明显、行为举止独特等。

欺凌者往往会以上述方面的差异为借口对被欺凌者进行侮辱和殴打，给被欺凌者造成身心痛苦，导致欺凌萌芽的产生。班主任面对这种情况时，应运用让学生学会理解和共情的教育策略，明确告知学生，每个人来自不同的家庭，有不同的父母、不同的特质和外表，引导他们尊重他人的差异，告诉他们只有懂得尊重他人才可能得到他人尊重，否则他人也不会尊重你。学生间性格和行为的差异可以通过沟通和相处解决，教师若能让学生意识到个体间存在差异的事实，创造一个兼容并蓄的班级环境，学生则会更愿意接受他们眼中的"异类"，这样欺凌的萌芽就会被有效地制止。

2. 教育学生学会管理自己的情绪

学生处于青春期时情绪波动非常大，容易出现愤怒和暴躁的现象。多数学生之所以萌生欺凌同学的念头，是由于其无法控制自己生气或愤怒的情绪，或无法转移自己对被欺凌者的厌恶。造成学生情绪波动大的因素有很多，主要包括以下几个方面。

- 家庭因素（经常被父母责骂、家庭存在暴力等）。
- 学校因素（经常被教师责骂、受到不公平待遇等）。
- 个人因素（想得到同学的关注、彰显自己的力量和权威等）。

在发生欺凌萌芽时，教师应教育学生合理、正确地排解不悦和愤怒的情绪，具体干预方式包括以下几种。

- 鼓励学生与教师交流自己对某些同学的不满和厌恶。
- 发怒前想想自己这样做可能造成的后果，换位思考被欺凌者的感受。
- 教师可以求助学校的心理辅导教师或主管德育工作的教师，与他们共同商讨如何解决问题。
- 要求学生家长协助教育学生管理其情绪，同时要求家长以身作则，创造和谐的家庭氛围。

3. 教育学生认识学生欺凌的危害，坚决反对学生欺凌行为

当班级出现欺凌萌芽时，教师必须坚决落实本校关于防治学生欺凌的规定。教师必须让班上学生认识到欺凌行为是令人不齿的，成年之后的欺凌行为需要承担一定的法律责任；班级和校园里绝不容许有学生欺凌行为，一旦发现学生欺凌行为绝不姑息，将严格依照校规校纪进行严肃处理；每个学生在发现学生欺凌事件时都要向教师和学校主管领导及时报告，知情不报的学生也要对欺凌事件承担一定责任。同时，在全校范围内表明坚决反对学生欺凌的态度，必须让学生明白以下几点。

- 应正确面对同学间的差异。
- 任何人没有权力欺凌同学。
- 同学间的尊重与关怀是相互的。
- 应尽自己所能去保护同学，而不是欺负他们。
- 若无故伤害别人，应为自己的行为付出代价并引以为戒。
- 发生学生欺凌事件时，应保护被欺凌者，同时阻止欺凌者。
- 发现学生欺凌行为时，要向教师和学校报告。

二、对欺凌者进行必要的惩戒

对于欺凌萌芽的处理，教师和家长主要通过正面教育来从根本上改变学生的态度和行为，通过教育达到防微杜渐的目的。教师切忌采用完全负面的惩罚方式责备学生，这样容易激起学生的不满，使其变本加厉地对被欺凌者进行报复。处理欺凌萌芽的重点不是惩罚欺凌者，而是要转变欺凌者对待同学的观念和行为。因此，对欺凌萌芽中欺凌者的惩罚一定是在其真正意识到自己错误且思想上真正发生转变之后进行。

建议教师在欺凌者深刻认识到错误且行为和观念上发生根本转变后，再采取如下有利于班集体建设和促进学生间友谊发展的惩罚形式。

- 让欺凌者协助被欺凌者完成班级的值日任务。
- 通过角色互换，让欺凌者了解被别人孤立和排挤的难过心情。
- 让欺凌者收集资料，完成一篇自我检讨，并与大家分享收集资料与写作过程的心得。

同时，为起到警示作用，教师还应对欺凌者进行相应处罚，这种处罚可以考虑使用取消当事人应得奖励的方法来进行。

- 不允许欺凌者参加本年度的评奖评优活动。
- 免去欺凌者的班级职务。
- 对欺凌者进行暂时的隔离。
- 暂时剥夺欺凌者参加集体活动的权利。

三、寻求家长配合进行教育

在惩戒与批评、正面教育的基础上，教师和主管校长还需要立即通知欺凌者家长或监护人，让家长或监护人务必来校面谈，并向其强调事件产生的恶性后果和处理不当可能造成的影响。此时，教师和主管校长要向家长明确配合学校工作的重要性，加强对欺凌者的教育，确保欺凌事件不再发生。教师应要求家长协助学校对学生的不良行为进行矫正，而不是仅通知家长其子女在学校因欺凌行为被批评或处分。

在处理学生早期欺凌事件的过程中，班主任可以在家长会上匿名通报班级最近发生的一些学生间的摩擦事件。班主任应要求家长在家庭教育中强调如下方面。

- 被同学欺凌后，不要害怕，且不要觉得丢人或没面子。
- 被同学欺凌后要敢于向教师和家长报告。
- 同学间要相互理解、相互关爱，包容同学间的差异。
- 要勇于制止同学间的欺凌行为并向教师及时报告。
- 欺负、辱骂和排挤同学是可耻的行为。

　　对欺凌萌芽的干预可以有效避免其发展成标准欺凌事件，因此，在欺凌萌芽阶段对学生欺凌事件进行有效干预格外重要。由于学生欺凌行为的隐蔽性、被欺凌者的隐忍以及班主任防范意识的缺乏，标准欺凌事件时有发生，这就要求学校管理者和教师掌握应对学生欺凌的有效方法。

第四章
如何及时应对
学生欺凌和暴力事件

　　当学生欺凌行为已发生并已给被欺凌者造成一定的伤害时，教师需要通过调查被欺凌者、欺凌者和围观者以及欺凌事件发生的全过程来对欺凌事件进行判定。在立即制止欺凌行为后，通知欺凌学生家长与被欺凌学生家长到校共同商议解决问题的办法，并将欺凌事件上报学校，由学校防治学生欺凌和暴力工作领导小组来协调处理。学校在处理欺凌事件时，要对被欺凌者进行安抚和保护，对欺凌者进行适当惩罚与教育。对情节较为严重的欺凌行为，学校还需要请公安机关等相关部门协助处理。学生欺凌事件的应对可分为学生欺凌事件的判定和学生欺凌事件的处置两个阶段。

　　而校园暴力事件往往需要更迅速地应对。与学生欺凌事件需要比较严格的判定不同，应对校园暴力事件的首要任务是迅速制止暴力事件，保障全校师生的人身安全。因此，校园暴力事件的应对分为两个重要阶段：校园暴力事件的确认与应急预案启动阶段，校园暴力事件的现场调度与处置阶段。

第一节
学生欺凌事件的判定

对学生欺凌事件进行核查，还原学生欺凌事件的原貌对于学校和教师处置学生欺凌事件极其重要。对学生欺凌事件的核查主要通过以下三个步骤进行：学生欺凌事件的报告、教师对学生欺凌事件的核查、学生欺凌事件的判定。

通过以上三个步骤，学校可以对学生欺凌事件进行定性，避免对学生欺凌事件性质定位的模棱两可。如果防治学生欺凌和暴力工作领导小组将事件判定为学生欺凌事件，则须按照学校学生欺凌和暴力事件处置流程进行处置；如果防治学生欺凌和暴力工作领导小组将事件判定为一般性学生冲突，则按照一般性学生违纪行为交由班主任全权处置。

一、学生欺凌事件的报告

学生欺凌事件往往具有隐蔽性，教师无法直接观察和了解到学生欺凌事件的发生，多数学生欺凌事件是由不同群体通过不同途径向教师或者学校报告后才被教师和学校了解的。学生欺凌事件的报告方式主要包括以下几种。

1. 学生报告

学生欺凌事件往往存在大量的旁观者，教师如果在日常的班级管理中重视预防学生欺凌的教育与班级文化建设，那么，当学生欺凌事件发生时，旁观的学生就有可能将学生欺凌事件及时向教师报告，教师就可以及时启动学生欺凌事件的核查工作。

2. 家长报告

家长与孩子在生活中长期相处，通过对孩子的观察及与孩子的交流可以发现其是否遭受了欺凌。家长需要充分了解整个事件发生的经过并及时向班主任报告，便于班主任开展学生欺凌事件的核查工作。

3. 网络报告

随着信息和通信技术的发展，网络欺凌与学生欺凌事件视频的网络传播成为一种新型的欺凌行为和欺凌传播方式。有些欺凌者会通过建立 QQ 群和微信群等形式散布辱骂和羞辱其他学生的言论和视频，具有反欺凌意识的学生会将这些资料汇报给班主任。另外一些学生由于害怕遭到欺凌者报复或一些被欺凌者碍于面子和迫于欺凌者的威胁不敢直接向班主任报告欺凌事件的发生经过，班主任应鼓励其通过网络交流的形式向自己报告，这样便于班主任对欺凌事件展开进一步的核查。

4. 其他教师报告

有些学生欺凌事件会碰巧被同校的教师发现，这些教师应立刻制止学生欺凌行为，并询问学生姓名、班级和事情发生经过，及时将事件的完整经过报告给当事人所在班级的班主任，便于班主任对学生欺凌事件做出判定。

二、教师对学生欺凌事件的核查

教师在接到学生欺凌事件的报告之后，应立刻对事件的真实性和发生经过进行核查。由于学生欺凌事件往往具有一定的隐蔽性并涉及被欺凌者的隐私，所以教师需要采用一些正确方法对学生欺凌事件进行核查。

1. 通过谈话对学生欺凌事件进行核查

被欺凌者自述感受到的身心痛苦及其所描述的事情发生经过，是对学生欺凌事件进行核查的重要依据，但被欺凌者往往由于内心恐惧和自尊心，不跟他人讲述这段经历。因此，教师通过有效的方法与学生进行有针对性的谈话是核查学生欺凌事件的一个重要方法。这就需要教师运用一定的谈话技巧与方法，打消学生顾虑，使谈话得以顺利展开。通过谈话展开学生欺凌事件的核查应注意以下几个方面。

教师在开始向被欺凌者询问欺凌事件发生的经过之前，应做以下准备工作。

- 营造轻松平和的访谈氛围。
- 正式进入欺凌问题之前，先聊一些轻松的话题。
- 真诚地对学生表示关心和爱护，取得学生的信任。
- 向学生保证一定会保守秘密。

当教师使用谈话法试图了解学生被欺凌的经历时，可尝试使用下列问题展开对话。

- 你最近是不是遇到了什么烦心事？
- 有同学跟我说，你最近常常不开心，能告诉老师是怎么回事吗？
- 听××同学说，你最近身体经常不舒服，是怎么回事啊？
- 我发现最近你的衣服经常破，你是一个细心的孩子，怎么这么不小心呢？

如果学生极力回避上述问题，教师可以较巧妙地表达出自己对学生的关心。

- 在学校里，有没有你比较讨厌的人？为什么讨厌他？
- 你要多注意自己的身体，这些伤是否是同学造成的？
- 你以往很喜欢做……（学生擅长或者喜欢的事情），最近为什么不做了呢？
- 你以前很喜欢跟××一起玩的，但你最近怎么常常一个人玩？

如果学生开始讲述自己被欺凌的经历，教师应仔细聆听，在听的过程中可以适当鼓励学生勇敢地说出真相，并表示自己会尽全力保护其安全；在学生欲言又止时，切忌催促学生，要展现关心和爱护学生的姿态。教师应给学生时间和空间调整叙述的状态，切忌在学生描述事情经过时轻易打断或追问，应让学生自己来叙述。在学生叙述过程中，教师需要留心记录以下内容。

- 欺凌事件发生的时间、地点，是否有协助者、被欺凌者信息等。
- 欺凌事件发生的主要原因。
- 欺凌事件发生的次数。
- 欺凌事件发生的具体形式。
- 是否有围观的学生，若有，列举几名围观的学生。

教师向被欺凌者进行核查之后，应对上述核心要素进行整理，形成学生欺凌事件的完整记录，向学校报告并做进一步的判定。

2. 通过调查对学生欺凌事件进行核查

如果教师与被欺凌者的沟通存在一些障碍，或者某些信息无法通过谈话的渠道获得，教师还可以通过调查的方式对欺凌事件做进一步核查。在面对一些学生难以启齿的欺凌事件时，教师除了可以通过有针对性的访谈来了解学生欺凌事件的发生经过外，还可以通过以下方式来核查学生欺凌事件。

（1）匿名问卷调查。

尽管教师可能会察觉到班级中发生了学生欺凌事件，或者有些学生匿名报告了学生欺凌事件，但教师无法获得学生欺凌事件的具体信息，如班级内发生学生欺凌事件的次数和频率。教师既要了解整个欺凌事件发生的经过，又必须保护被欺凌者以及报告者的隐私，这时教师可以采用在班级中进行匿名问卷调查的形式来了解学生欺凌事件。

仅仅通过观察和谈话可能无法掌握学生欺凌事件的全部情况，而进行匿名问卷调查可以帮助教师了解学生欺凌行为的全貌，是一种既简单又保护学生隐私的方法。需要注意的是，教师做问卷调查的目的是收集学生遇到的欺凌行为和频率等，而非找出哪些学生是被欺凌者、哪些学生是欺凌者，这些信息需要教师结合学生的作答情况自行进行判断。因此，为保证问卷结果的真实可靠，问卷须匿名作答，教师也要保证学生的作答不会被其他学生查看。

（2）学生留言箱。

学生遭受欺凌往往不会主动向教师或者家长倾诉，但这并不代表学生不想寻求教师或家长的帮助，他们往往是碍于面子或由于害怕和恐慌而放弃了寻求帮助。为打消学生的各种顾虑，教师可以在班级的角落放置学生留言箱。要注意留言箱必须上锁进行保密，只有教师才可以开启。教师要向学生明确表示以下内容。

"这个箱子是大家与我沟通的一种方式。你在学校遇到了任何事情，不管是让你高兴的还是难过的，当你没人分享或倾诉时，你可以写在纸上，投到信箱里，信箱只有我一个人可以打开，我每天会查看并认真阅读大家的纸条。"

"你可以利用留言箱，告诉我你看到的班级中的欺凌事件。如果你曾经欺凌过同学，现在感到不安和后悔，你也可以写下来，我会找机会与你沟通交流。我向大家保证，会对大家的隐私保密。"

"信箱是完全保密的，大家如果愿意，可以写下自己的名字，因为这样我才可以回复你。"

接下来，教师必须养成每天检查信箱的习惯，并对学生的留言进行及时和适当的回复。如果学生表示自己遭受了欺凌，教师应尽快安排与学生进行私下谈话；对情节严重的欺凌行为，教师应先呈报学校，按学校处置欺凌事件的程序进行处理。

小李老师是一名班主任，发现最近班里很多学生特别害怕几个比较调皮的男生。小李老师私下里询问过几个学生以及班干部，大家都表示没有发生什么事情，但小李老师觉得这些学生有难言之隐。于是，小李老师在自己的办公室门口设置了一个名为"说出你的心声"的交流信箱，并告诉学生自己"每天会亲自查看信件，会给每一个同学回信或与同学进行私下交流，信件的内容只有老师一个人知道，老师会替你保密且帮你想解决问题的办法"。开始的一段时间，小李老师收到的信件很少，但小李老师依然仔细阅读并认真回复每一个学生的来信，同时进行了一些私下的交流沟通。慢慢地，随着学生来信数量的增加，暴露出的班级问题越来越多，终于有几个学生向小李老师报告了在学校被班里那几个调皮男生欺负并被威胁不要告诉任何人的事实……

教师在接到学生欺凌事件的报告后，并非要马上对当事人进行处置，而是须立即了解整个欺凌事件的发生经过并对学生欺凌事件进行初步判定。同时，记录完整的事件发展经过，并向学校防治学生欺凌和暴力工作领导小组报告，共同对学生欺凌事件进行处置。

三、学生欺凌事件的判定

学生欺凌事件的判定由教师判定和学校确认两部分组成，这样双重的保险可以确保对学生欺凌事件的定性更加准确，且更加符合学校管理的流程——教师尤其是班主任作为班级层面的管理者需要对班里学生发生的事件进行定性，之后向学校防治学生欺凌和暴力工作领导小组报告；学校防治学生欺凌和暴力工作领导小组根据教师提供的前期核查资料进一步对事件进行定性并给出处置意见。

（一）教师对学生欺凌事件的判定

在处理和应对学生欺凌事件的过程中，教师对学生欺凌事件的判定十分重要，这是解决欺凌问题的前提和基础。在使用上述方法了解并还原整个学生欺凌事件的经过之后，教师可以通过本书第一章给出的学生欺凌的定义与要素进行一一对应来对学生欺凌事件做出判定。如果欺凌事件已经呈现"以强凌弱、身心攻击、重复实施、遭受痛苦"四个要素，教师就可以判定班级中发生了学生欺凌事件。教师应按照学校的相关规定对当事学生进行处理，同时将事情的完整经过汇报给学校领导。报告内容应该包括如下几个方面。

- 发现学生欺凌事件的时间、地点。
- 欺凌者与被欺凌者的个人信息。
- 事情发生的经过（包括多次发生的经过），当事双方以及围观学生对事情经过的叙述。
- 对被欺凌者伤害程度的描述。
- 是否有围观者。
- 对学生欺凌事件的处理意见。

（二）学校对学生欺凌事件的确认

学校在收到教师关于学生欺凌事件的报告后，应立即召集防治学生欺凌和暴力工作领导小组会议，对欺凌事件进行判定并商讨有针对性的处理办法。学校在确定学生欺凌事件后，就需要采取如下措施。

- 通知双方家长到校商讨处置的事宜。
- 将被欺凌者与欺凌者进行暂时性隔离。
- 请学校医务人员以及心理教师对被欺凌者进行伤情的鉴定，视情况请求医疗卫生部门协助。
- 必要情况下可请求当地派出所民警协助处理学生欺凌事件。
- 视情况在全校启动学生欺凌和暴力防治机制。
- 将学生欺凌事件上报上级教育主管部门。

完成上述流程之后，教师和学校对学生欺凌事件的了解和调查流程已经完毕，正式进入学生欺凌事件的应对和处置流程。

第二节
学生欺凌事件的处置

学校对学生欺凌事件的应对主要包括：对欺凌者的惩戒与教育；对被欺凌者的安抚与辅导；与当事学生家长的沟通以及相关部门的协助与支持。学校作为育人机构，在应对学生欺凌事件时，采取的主要措施要以教育为主、惩戒为辅。采取所有应对措施的主要目的和出发点是让欺凌者真正认识到自己的错误，对自己行为负责并改过自新；让被欺凌者得到安抚与关怀，走出学生欺凌事件的阴影并重新开始学校生活；让学校其他学生引以为戒、互相关爱。

一、对欺凌者的惩戒与教育

学生欺凌事件发生之后，学校和教师应对欺凌者进行惩戒和教育，相应的惩戒与处罚措施必须由防治学生欺凌和暴力工作领导小组共同商讨制订。制订惩戒与处罚措施应注意以下几点。

- 针对性：根据不同的欺凌形式，考虑不同的处罚办法。
- 适应性：惩戒与处罚要适合学生的身心发展情况。
- 合理公平性：注意惩戒的尺度，过度惩罚会引发变相的报复性欺凌。
- 循序渐进性：对于屡教不改的学生，惩戒的力度应相应加大。
- 正面引导性：对欺凌者除严肃惩戒外，还应有相应的正面引导，使其真正意识到自己的错误，从根本上消除欺凌行为。

学校应按照上述原则制订惩戒学生欺凌的处罚条款。实施惩罚应强调改过自新及正面引导，而不是将欺凌者劝退学、体罚欺凌者、让欺凌者成为众矢之的、让欺凌者颜面尽失等。正确的处罚方式应是对欺凌者进行校级的记过处分，同时让欺凌者真诚地向被欺凌者道歉，其家长也需要对被欺凌者进行补偿。具体措施包括以下几个方面。

（一）暂时隔离

对行为较严重的欺凌者，在校期间学校可以将其暂时隔离，同时要求欺凌者承诺保护并帮助被欺凌者走出阴影，缓和彼此矛盾。

暂时隔离是对欺凌者的惩罚，也是让欺凌者有时间和空间反思自己的行为。教师必须告诉欺凌者被隔离的原因，暂时隔离的地点可以是一间单独的教室、办公室、会议室等，也可以是班级内一个远离其他学生的角落（不被其他学生注意且明显远离的空间会让欺凌者感到无聊、不好玩）。隔离还需要遵循以下原则。

- 暂时隔离是非体罚性质的惩罚，一定要让学生认识到由于自己的欺凌行为导致自己成为集体中不受欢迎的对象。在欺凌者彻底悔改前，学校不可对其撤销隔离。
- 在暂时隔离阶段要让学生自己冷静并反思，隔离期间教师不需要与欺凌者进行交流，只要给欺凌者充足的时间与空间让其冷静思考，反思自己欺凌行为的错误及对被欺凌者带来的伤害，体会欺凌给他人和自身带来了哪些负面影响。
- 暂时隔离结束，学生知错并认错之后，不应再对学生进行责骂或批评，转而应进入对欺凌者的教育环节。

（二）按照校规校纪对欺凌者进行处分

教师处罚学生的主要目的是让学生停止欺凌行为，同时真诚地向被欺凌者道歉，但这并不能代替学生由于违反校规校纪而必须接受的处罚。对于学生欺凌行为，学校绝不可以姑息和隐瞒。按照校规校纪对欺凌者进行处罚可以起到以下作用。

- 表明学校对学生欺凌绝不姑息和严肃处理的态度。
- 使其他在校学生引以为戒，以欺凌同学为耻。
- 为学生反学生欺凌提供制度保障。
- 在处理学生欺凌事件时，可以用规章制度来保证执行。
- 将对学生的处分记入学生综合素质评价。
- 将屡教不改或情节恶劣的欺凌者，转送至专门（工读）学校进行教育。

为防止按照校规校纪进行处分后欺凌者背上较重的心理负担甚至出现自暴自弃的现象，学校可以建立相应的奖励机制，来激励欺凌者通过自己的努力获得嘉奖，并以此种方式表示对欺凌者改过自新的一种认可。例如，欺凌者真心改过，会帮助并保护被欺凌者；欺凌者真心改过，会协助学校进行反学生欺凌的相关工作；等等。

（三）道歉与弥补

欺凌者需要向被欺凌者真诚地道歉，这是对自己欺凌行为反省的第一步。教师需要注意的是，欺凌者往往不会认为欺凌行为是错误的，有时还会认为被欺凌者活该被欺负，所以欺凌者可能并不愿意向被欺凌者道歉。然而，欺凌者的道歉却可能成为对被欺凌者最大的安慰。作为教师，在对学生欺凌事件的事实基本了解清楚后，必须第一时间要求欺凌者向被欺凌者道歉。

教师在教育欺凌者的过程中，要让欺凌者从心底认识到自己行为的错误，并且从心底下决心改正自己的行为，这是非常重要的。通常情况下，欺凌者会极力否认自己所做的，也会拒绝对自己的行为负责，他们会认为被欺凌者是自作自受，或认为自己的行为没有什么大不了的，或坚称自己是被误会的。教师可以尝试通过以下方式改变欺凌者的想法。

- 请欺凌者仔细想想这个问题："如果你觉得你不是在欺凌别人，那么假设别人那么对你，你也不认为是欺凌吗？"引导学生认识到欺凌行为不能通过欺凌者的角度去简单判定，而是需要被欺凌者和其他旁观者来判定。

- 建议当事双方都从三个角度去看待问题："我的解读——我认为发生了什么""你的解读——你认为发生的状况以及原因""事实——真正状况"。如果有第三者在场会有很大的帮助，可以较为客观地提供真实依据，让欺凌者明白其行为给同学带来了怎样的伤害。

- 告知学生正确面对同学间的差异："当同学的想法和观念与你的不同时，你可以不赞同，但不能讽刺或嘲笑他。如果你因为想法与同学的不同而被讽刺和嘲笑，你会怎么想？"

- 帮助欺凌者提升自我认同："根据学校防治学生欺凌的条款，你认为自己的行为是不是完全符合欺凌者的特征呢？"教师通过提供欺凌者所具有的特征，让学生仔细思考自己行为的不当。

    小华是一个比较胖的男生，同学们总是喜欢跟他开玩笑，起一些可爱的外号。起初小华并不是很介意，突然有一天，一个同学给小华起了一个"猪肥肥"的外号，大家哄笑着传开了。班主任并没有注意到这个外号，但发现曾经很乐观的小华变得郁郁寡欢了。班主任发现了小华的异常，通过交流明白了小华遭受了同学们的言语欺凌。班主任找来班干部进行询问，令他吃惊的是，班干部并不觉得这是恶意的讽刺，因为以前小华并没有因为一些外号生气。于是，班主任紧急召开班会，问学生们"猪肥肥"这个外号是不是对小华的一种侮辱。大多数学生表示这并不是侮辱。班主任继续说道："那么，请身材比较瘦的同学想象一下有人叫自己'瘦猴子'、眼睛小的同学想象一下有人叫自己'死鱼眼'、皮肤黑的同学想象一下有人叫自己'黑熊怪'，你们会有什么感受？"班里鸦雀无声。这时候，班主任请小华大胆告诉同学们自己被叫"猪肥肥"时的感受。小华表示没人愿意被叫成猪，以前同学叫自己"小胖""大熊"或"机器猫"时，自己并不觉得难过甚至还觉得亲切，但同学叫他"猪肥肥"时他特别难过和痛苦。这时，同学们才意识到已经对小华造成了言语欺凌，纷纷向小华道歉……

除了要对被欺凌者道歉外，欺凌者还应为自己的行为导致的后果进行补救。具体包括以下几个方面。

- 欺凌者必须对侮辱被欺凌者的每一句话进行解释和道歉，并通过一些正面表扬来弥补自己的错误。
- 如果欺凌者向被欺凌者索要过钱财，必须要求欺凌者尽快将财物归还被欺凌者，并可以提出一些惩罚措施（如要求欺凌者为班级义务劳动一段时间）。
- 如果欺凌者把被欺凌者的物品毁坏了，欺凌者必须予以赔偿。
- 如果欺凌者对被欺凌者造成了身体伤害，欺凌者及其法定监护人必须承担被欺凌者的所有医疗和精神赔偿等。

总之，学校作为育人场所，对欺凌者的处置要以教育为主，处罚的方式要以学校已有的校规校纪为主，超出学校责任与权力的处置手段不应由学校进行。对于行为情节严重且屡教不改的欺凌者，学校需要请上级教育主管部门以及社会其他部门协作处理，将欺凌者转交专门（工读）学校进行教育或由公安机关责令其监护人行使其应尽责任。

二、对被欺凌者的安抚与辅导

学生欺凌事件曝光后的一段时间是被欺凌者最为脆弱的一段时间，这种脆弱包括身体和心理两个层面。教师往往会比较在意学生身体上所受到的伤害，而忽视了学生可能更为严重的心理创伤。

在学生欺凌事件被公布之前，被欺凌者往往忍气吞声，但在学生欺凌事件被通报给学校和家长并开始进行学生欺凌事件的处理流程之后，被欺凌者的自尊难免会受到很大打击。教师在这个阶段要格外留心被欺凌学生的心理变化和表现，在应对学生欺凌事件时，切忌只考虑教育与惩戒欺凌者而忽略了被欺凌者的感受。教师可以尝试通过以下方式对被欺凌者进行安抚与辅导。

（一）找适合的学生陪伴与安慰被欺凌者

很多时候，当学生被欺凌后，教师和家长不一定能安抚其受伤的心灵，而被欺凌者的朋友由于年龄相仿、相处时间较长且彼此比较了解，往往可以帮助被欺凌者在事后快速走出阴影。因此，在学生欺凌事件发生后，即使被欺凌者跟教师和家长表示自己已经没有任何问题了，班主任依然应找到与该学生关系比较要好的学生，让其多多陪伴和安慰被欺凌者。如果被欺凌者性格孤僻，在班级中没有朋友，班主任可安排自己信任且在班级有威望的班干部对被欺凌者进行鼓励和安慰。被欺凌者出现任何心理方面的问题，班干部都要及时向教师和其家长汇报。

（二）鼓励被欺凌者勇敢面对欺凌事件

学生欺凌事件公布后，由于自己的秘密被公开，被欺凌者往往碍于面子会害怕面对班级同学。班主任一定要为学生在班级营造一个良好的回归氛围，让被欺凌者敢于面对自己的过去、敢于面对班里同学。同时，班主任要引导班级学生多多陪伴被欺凌者，一起鼓励被欺凌者尽快回归班级生活。为此，不但需要被欺凌者自身做出调整，还需要学校和教师营造一个反学生欺凌的良好学校氛围，这样才能使被欺凌者更好地回归校园，勇敢地面对过往事件。

（三）帮助学生重拾自尊

被欺凌者由于遭受欺凌，其内心常常变得十分脆弱，且容易对自己的生活失去信心，教师、家长以及学生应共同帮助被欺凌者重拾对学习、学校和生活的信心。首先，家长要鼓励被欺凌者勇敢面对一切，并表示无论发生什么事情，都会与其共同面对与承担，同时在生活与学习上多给予被欺凌者鼓励和表扬；其次，班主任可以通过交给被欺凌者更多班级事务性的工作来帮助被欺凌者重拾信心，让其感受到自己对班级和同学的重要性，同时在班级文体活动中多邀请被欺凌者参与，引导被欺凌者通过参与活动的方式增进与同学的友谊，感受班级的温暖与友爱；最后，学生应与被欺凌者多交流、多分享，与其成为朋友，让被欺凌者感受到友情的温暖，感受到自己被其他同学需要和爱护，这样被欺凌者才能早日走出阴影，重拾生活和学习的信心。

（四）帮助被欺凌者融入集体

在个别学生欺凌事件中存在着某种特殊情况，即被欺凌者由于自身性格孤僻、不好相处等，班级学生对被欺凌者缺乏同情或怜悯。在这种被欺凌者自身存在特性的情况下，教师需要从被欺凌者和班级学生双方面着手进行干预。首先，通过正面疏导，循序渐进地让被欺凌者认识到自己的个性导致了一些问题的产生，教师切莫急于求成，避免使被欺凌者认为教师在批评自己，从而使心理再次遭受伤害；其次，班主任可以通过班会等活动形式告诉全班学生要正视同学间的差异，不喜欢某个同学并不能成为其欺凌该同学的理由；最后，班主任要给予被欺凌者更多的机会与同学交流，向同学展示自己，使其融入班集体。

三、与当事学生家长的沟通

教师处理学生欺凌事件需要当事学生家长的配合与协作，最佳的处理方式是通知所有当事学生家长到学校共同协商解决问题。解决问题的场所一定要正式，学校校长或德育副校长以及学生所在班级的班主任必须在场，必要时学校安保人员也要在场。在解决问题的过程中，校领导与班主任要控制家长的情绪，维持好现场秩序，不能任由家长争辩。以下是与当事学生家长进行沟通的大致流程。

- 向当事学生家长介绍整个学生欺凌事件发生的过程。详细说明事件发生的时间、地点、涉事人员、欺凌过程、造成的影响等，还原事情的真相，让家长意识到学校已进行了认真和详细的调查。

- 向当事学生家长宣布学校对欺凌者的处理结果以及对被欺凌者的安抚办法。对欺凌者的处理结果必须做到以校规校纪为依据，让欺凌者家长心服口服；对被欺凌者的安抚办法必须说明具体的各项措施，如欺凌者必须严肃、认真地向被欺凌者道歉，学校要安排心理教师对学生进行定期辅导，班主任要采取有效措施消除班级学生对被欺凌者的歧视等。
- 学校和班主任应向学生家长承诺做好善后工作。学校领导需要向家长致歉，同时说明学校在防治学生欺凌和暴力方面采取的具体措施，并向家长介绍学生欺凌和暴力的特殊性。同时，向学生家长承诺进一步加强学校在防治学生欺凌和暴力方面的力度。
- 请被欺凌者家长对学校处理的结果提出要求和建议。学校应满足家长提出的合理并在学校能力范围内的要求，超出学校能力范围的相关要求需要双方家长进行讨论和确认。

家长到校沟通时，学校领导与教师应尽力避免双方家长由于情绪激动造成激烈冲突。学校领导和教师务必做到以下几点。

（一）避免被欺凌者家长质问欺凌者

不要任由被欺凌者家长直接到班级教室中与欺凌者对质，此种对质是在双方关系不对等的情况下发生的，很容易变成家长恐吓或威胁学生。家长在情绪失控的状态下，还可能对欺凌者做出过激行为。

（二）避免让欺凌者单独向被欺凌者及其家长道歉

在没有教师或学校主管领导陪同的情况下，教师不可让欺凌者独自向被欺凌者及其家长道歉，因为教师无法完全掌握被欺凌者家长的情绪状况，可能会出现反击性欺凌情况。

（三）避免事件扩大而爆发学生家长间的冲突

避免学生冲突事件扩大为家长冲突事件。教师应适当控制双方家长的情绪，家长情绪的不稳定会让冲突事件变得更加复杂，给后续学生欺凌事件的解决带来更大的麻烦。教师必须明确告知被欺凌者家长，学校会积极、严肃、公平和妥善地处理欺凌问题，请家长相信学校的能力，不要私下与欺凌者解决，更不能在愤怒的情绪下做出不计后果的事情。

　　某校初中二年级的小洪同学长期遭受同班男生的殴打和辱骂，最终因伤入院治疗，欺凌事件也得以曝光。小洪同学的家长知道事情真相后情绪非常激动，希望教师、学校和欺凌者家长公开道歉并给予整个事件一个说法。校方为避免学生欺凌事件造成恶劣的影响，立即启动了学校危机应急预案。第一步，学校公开向小洪的家长道歉，承认在学校管理中存在漏洞与死角，承诺对欺凌者进行严肃批评与惩戒，并通过一整套的心理辅导机制帮助小洪同学尽快走出欺凌事件所带来的心理阴影，恢复正常的学校生活。第二步，要求欺凌者家长在约定时间到学校向小洪同学及其家长进行正式道歉，并商议赔偿事宜。欺凌者家长如果借故拖延或拒绝到校处理此事，学校将请求公安机关介入，强制欺凌者家长到校处理事件。第三步，双方家长来到学校后，学校校长、法治副校长、德育副校长、班主任、心理教师、学校安保人员以及相关知情学生出席会面。学校德育副校长、班主任以及相关知情学生分别叙述整个事件的发生经过，并明确学校在整个事件中需要承担的责任与义务，询问被欺凌者家长的诉求，由校长回应诉求的合理性与现实性。之后，双方家长进行沟通，如果欺凌者家长拒绝合理的道歉与赔偿，将由法律顾问向其介绍其可能需要承担的监护人法律责任；如果欺凌者家长无法认清整个事件对双方造成的伤害和影响，那么，德育副校长与心理教师要向欺凌者家长讲明轻视对于欺凌行为的认识、处罚与教育对其孩子将来走向社会的恶劣后果和影响。

四、相关部门的协助与支持

　　当发生较为严重的学生欺凌事件或欺凌者不知悔改且其家长不配合学校对事件的处理时，学校应向上级教育主管部门、公安部门进行通报，要求社区组织、公安机关和卫生部门等相关部门协助处理学生欺凌事件。

（一）请求公安机关进行警示教育

　　当有些欺凌者由于监护人没有能力对其进行管教或屡教不改时，教师可在向学校提出申请后请求所在社区的派出所民警对欺凌者进行警示教育。派出所民警要向欺凌者讲明学生欺凌行为后果的严重性，并警示欺凌者监护人如果其子女再欺凌其他同学，孩子的监护人需要承担一定的法律责任。

（二）请求卫生部门对伤情做鉴定并对受伤学生进行及时治疗

当有些欺凌事件给被欺凌者带来了严重的身心伤害，而学校的医务人员无法对伤情进行诊断和处理时，学校应请求卫生部门给予支持。由于学校需要通过对被欺凌者的伤势进行鉴定来判定欺凌事件的严重性以及如何进行赔偿，所以需要请求相关的医疗卫生部门对被欺凌者的伤情进行鉴定。教师和家长需要注意的是，伤情鉴定必须包括身体伤害鉴定和心理伤害鉴定两个方面。由于学生欺凌事件往往给被欺凌者造成严重的心理创伤，如果不加以妥善干预与治疗，被欺凌者很可能出现抑郁甚至自杀的倾向，所以医疗卫生部门尤其要关注对学生心理创伤的鉴定。

（三）请求社区居委会与双方家长进行交流

当学生欺凌事件发生后，对于一些特殊家庭及缺乏家庭教育的学生，学校可以邀请学生所在社区的居委会共同参与学生欺凌事件的处理。由学校和居委会轮流对学生进行家访，加强对学生的家庭教育。对欺凌者要多给予关怀和正面价值观的教育，用温情和关爱来改正其不良习惯；对被欺凌者要增强其自信心，帮助他们懂得如何与同学相处，使其更好地融入学校生活中。

第三节
校园暴力事件的应对

校园暴力事件往往是突发的、伤害严重的危机性事件。对于校园暴力事件，学校必须迅速做出反应，尽全力保证师生的人身安全，第一时间带领学生和教师有序地撤离暴力事件的现场。

一、校园暴力事件的处置原则

校园暴力事件是伤害严重、影响恶劣的突发事件，其处理的方式和措施与学生欺凌事件存在很大区别。在处理校园暴力事件过程中，应遵守以下基本原则。

（一）全力保护人身安全

在校园暴力事件发生时，学校应第一时间保护在校师生的人身安全，检查学生与教师的受伤情况，立即组织抢救伤员，然后再对校园暴力事件进行处理。学校须购置防暴设备，并在校园里安置防暴设施，如护具、催泪喷雾和钢叉等。

（二）及时将学生带离现场

由于校园暴力事件具有突发性，所以相关教师和学校领导应在事发第一时间到达现场，并及时将学生带离现场。学校安保人员对正在进行的暴力事件应立刻予以制止，避免事件的扩大。

（三）现场统一指挥

校园暴力事件不同于学生欺凌事件。校园暴力事件往往具有刑事犯罪且易造成重大人身伤害的性质，常常超出学校可以控制的范围。这就要求学校与当地的公安、卫生和司法等部门形成合力，有效应对校园暴力事件。

当发生严重的校园暴力事件时，学校必须加强对应急处置工作的统一管理。领导小组负责人应到现场统一指挥和调度，避免突发的校园暴力事件给全校师生造成更大的恐慌，避免更大的人身伤害和经济财产损失。

二、校园暴力事件的处理流程与措施

校园暴力事件往往涉及未成年人的违法行为，单纯依靠学校的力量无法进行处置，且校园暴力事件由于其突发性易造成全校师生的恐慌，因此，当校园暴力事件发生时，为最大限度地保证全校师生的安全、将损失降低到最低限度，必须按照一定的标准流程来对校园暴力事件进行处理。校园暴力事件的处理流程应从确认与应急预案启动阶段、现场调度与处置阶段两个方面展开。

（一）校园暴力事件的确认与应急预案启动

学校收到校园暴力事件的报告或者信息后，须迅速了解校园暴力事件的相关信息，包括发生地点、受害学生群体、施暴者特征与施暴方式、受伤害学生大致数量与受伤害程度等。之后，应启动预防学生欺凌与暴力的应急预案，通知相关部门协助配合处理。重大的校园暴力事件应立即请求公安机关和医疗卫生部门的配合，同时组织校长、校园安保人员、主要负责教师等人员立即赶赴现场。

（二）校园暴力事件的现场调度与处置

相关人员到达现场后，须立即对学生和教师进行救护。同时，学校安保人员应第一时间戴好护具并使用防暴设备强行制止施暴者的伤害行为。如果是事态特别严重的群体暴力事件，学校要迅速拨打 110 报警电话，争取警察的支持和帮助。学校要在第一时间保证学生的安全，将未受伤的学生转移至安全场所；将受轻伤的学生转移至学校的医务室进行治疗；立刻拨打 120 急救电话，将受重伤的学生转移至医疗部门就医。保护好事发现场，注意录音、录像、拍照和寻找目击证人，将录音、录像保存为证据，劝说与事件无关的围观者离开，同时迅速整理受伤学生人数及伤情信息上报学校。

将学生带到安全地带后，医务人员对受轻伤学生进行治疗，班主任和心理教师负责安慰和照顾受害学生。主管学校德育工作的副校长应立即向情绪和状态较好的当事人了解整个校园暴力事件的发生经过，并通知学生家长。在了解整个事件的发生经过后，结合教师上报的学生受伤人数与具体伤情，学校校长应积极、主动地配合新闻媒体的相关询问，并向社会大众介绍学校后续的处理办法及加强学校安保措施的具体举措。只有这样，才能掌握舆论的主动权，切忌让新闻媒体与社会大众觉得学校在事件处理方面存在着不可告人的秘密。

对学生欺凌和暴力事件的及时应对，可以有效地抑制事态朝着更加严重的方向发展，维护学校的形象，保证被欺凌者的安全，惩戒欺凌者。然而，学生欺凌行为一旦发生，必然会对学校氛围和形象造成一定破坏，给全校教师和学生带来不安全感，也会造成家长和社会对学校的不信任，因此，在及时应对学生欺凌和暴力事件之后，学校须立即进行善后工作，使学校恢复正常运作。

第五章
如何做好学生欺凌和暴力事件的善后恢复工作

　　善后恢复是学校解决学生欺凌和暴力事件不可或缺的部分。学生欺凌和暴力事件会使学生感到无助和不安，使正常的教学秩序受到干扰，使学校的日常管理受到质疑，也会在一定程度上给学校、教职工和学生带来有形或无形的负担和伤害。因此，对学生欺凌和暴力事件的后续处理即善后恢复工作十分必要。

　　学生欺凌和暴力事件发生后，学校除了及时应对，还应及时开展善后恢复工作。这样可在短时间内恢复校园生活与学习秩序，有利于将事件造成的损害降至最小，并为学校、教职工和学生在未来应对此类事件提供帮助和指导。

　　学生欺凌和暴力事件的善后恢复工作应受到学校高度重视，学校应制订善后恢复计划，使学校正常教学秩序得以恢复，使当事学生尽快回归学校，使全体师生都能接受有针对性的后续辅导，从而消除此类事件带来的负面影响。

第一节
学生欺凌和暴力事件善后恢复工作的基本原则

学生欺凌和暴力事件的善后恢复工作是指在事件得到妥善处置后，为恢复学校的正常教学秩序和各项职能所开展的必要工作。善后恢复工作的核心是修复包括当事学生在内的受影响人员的身心创伤，并尽力消除此类事件所带来的负面影响，从而恢复学校的正常秩序。

善后恢复工作持续的时间应根据学生欺凌和暴力事件的严重程度和影响范围来确定，恢复过程可能需要几天、几周甚至更长的时间。善后恢复工作首先要制订有针对性的恢复计划，使学校正常的教学秩序得以尽快恢复，使当事学生和相关人员可以重返校园进行正常的学习生活。同时，学校应从事件中吸取经验教训，并培训教职工以提高其处理此类事件的能力。学生欺凌和暴力事件的善后恢复工作应遵循以下四条基本原则。

一、保护学生

在学生欺凌和暴力事件善后恢复工作中，学校和教师有义务保护遭受欺凌和暴力的学生、实施欺凌和暴力的学生以及知情学生的身心安全，并严格保护学生的个人隐私，坚决杜绝学生个人及其家庭信息的泄露。特别是要防止在事件处理过程中，各种原因引发的在互联网等媒介对事件广泛传播而导致的事态扩大化，这会使相关学生受到不必要的伤害。

二、公平透明

在学生欺凌和暴力事件善后恢复工作中，要坚持公平透明原则，及时向学校教职工、学生和当事学生家长说明善后恢复处理的全过程。学校管理者（校长、主管副校长等）、班主任和任课教师也要按学校要求承担相应的善后恢复工作，明确善后恢复工作的重要性和必要性，在开展善后恢复工作时做到公平、公正。

三、全面沟通

善后恢复工作并非一己之力所能完成，需要学校内部以及社会相关人员的共同努力。因此，学校在开展善后恢复工作时，应当充分挖掘学校的各种资源，与各方及时有效地沟通，群策群力、彼此信任、形成合力。

四、持续辅导

善后恢复工作旨在使学生、教师和学校恢复至事件发生前的状态。当事件得到妥善处理，危机消退，学校运作逐渐恢复正常后，大多数当事者仍然需要相当长的一段时间才能从事件的负面影响中走出来。为减小当事者身心受到的伤害，学校应给予其持续的支持，并对其进行持续的辅导（如个体辅导、团体辅导等），以达到消除心理危机的目的。

第二节
学生欺凌和暴力事件善后恢复工作的主要措施

当学生欺凌和暴力事件得到控制并妥善解决后，学校工作的重点应转移到善后恢复上来。学校要制订有针对性的善后恢复计划，尽快恢复学校正常的教学秩序，做好事件的总结记录与报告。

一、制订有针对性的善后恢复计划

防治学生欺凌和暴力工作领导小组在妥善应对并处置好事件后，开始开展善后恢复工作，为了更好地推进善后恢复工作，也可成立专门的"善后恢复工作组"。善后恢复工作的目的是让学校、学生和教职工恢复至事件发生前的状态，使学校恢复正常的教学秩序，为涉事学生提供必要的辅导和帮助。

学校要及时联系专业心理辅导机构对全校教职工、学生及其他相关人员进行心理评估，对有需要的人员提供心理干预辅导，做好后续工作。善后恢复的核心对象是学生欺凌和暴力事件的当事学生。考虑到事发班级中其他学生可能是主动或被动的围观者，因此，核心对象还应包括事发班级（或年级）的学生。事发班级（或年级）的教师、处理事件的教师和当事学生家长可能也会因事件而产生负面情绪或消极反应，这也应在善后恢复工作中予以适当关注。当学校发生较为严重或性质恶劣的学生欺凌和暴力事件后，全校学生和教职工也成为需要进行心理干预的潜在对象。

善后恢复工作组应在全面了解各方情况，并到当事学生所在的班级、年级内部进行全面评估后，根据事件所带来后果的严重程度来确定善后恢复对象。

在善后恢复对象确定后，善后恢复工作组应结合不同个体（群体）的实际状况，有针对性地拟订善后恢复计划。合理的善后恢复计划可以有效改善个体的消极状态，重新营造良好的班集体氛围，修复学校的形象。

在拟订善后恢复计划和流程时应主要考虑以下几点。

- 恢复对象的当前状态，包含身体状态、心理状态、人际关系等。
- 善后恢复的基本方案，包含使用的方法、实施计划的人员（必要时可能需要邀请专业的咨询人员介入）。
- 善后恢复的期限（视不同情况而定）。
- 善后恢复的预期目标（对于当事学生而言，使其回归正常的学校生活是基本目标）。

一些严重的暴力事件可能会对学校硬件设施造成损害。因此，在拟订善后恢复计划时，硬件设施的恢复也要考虑其中。善后恢复工作组要与学校后勤保障部门配合，及时清理、核查受损的硬件设施，并设置安全隔离范围，及时修缮。

二、尽快恢复学校正常的教学秩序

学生欺凌和暴力事件得以妥善处置后，学校要积极恢复正常的教学秩序，师生的积极参与可以使秩序恢复工作进行得更顺利。在此过程中要：①积极说服、劝导有情绪或感到不安的学生返回课堂；②为受影响较大的学生提供尽可能的帮助；③师生共同协作，重新营造良好的班级氛围；④在全校开展危机教育，转"危"为"机"。

学校在开展善后恢复工作时，要积极争取相关家长、教师的配合，这有助于家长和教师重新树立对学校的信心，且能稳定他们的情绪，利于营造团结向上、积极温馨的学校氛围。学校可以开展以下几点工作。

（一）明确基本立场，统一思想认识

学生欺凌和暴力事件发生后，学校应确定校方对事件进行善后处理的基本立场，统一思想认识，即从保护未成年人健康成长、维护学校正常教学秩序的角度妥善处理事件。防治学生欺凌和暴力工作领导小组与全体教职工都要有责任意识和担当意识，使每一名学生都能在校园里健康成长、全面发展。在善后恢复时，学校要积极努力工作，相关负责人员和教师全程参与教育、

引导、辅导等工作，明确保护学生的基本态度。

（二）让学生和教师回归正常的学校生活

善后恢复中最基本、最重要的工作就是要让受到影响的学生和教师回归正常的学校生活。学校要积极与当事学生及其家长沟通，征得他们同意后，安排心理教师（或专业心理咨询人员）到家中对学生进行干预，尽量消除学生对学校（或班级）的抵触情绪和不安全感。

如果当事学生对学校（或班级）仍有抵触情绪，可考虑安排其短暂休学，同时与家长协商做进一步的专业心理辅导，并为学生在家学习提供必要的支持和帮助。

对于事发班级的教师，学校也要予以关注。对于经历严重事件的教师，可以安排其短暂休假，使教师调整情绪状态，适时返回教学岗位。如果教师因特殊情况无法及时返回学校，在恢复期内需要有代课教师临时替代该教师上课。

（三）对学生的后续处理

1. 对于欺凌者（施暴者）

对于欺凌者（施暴者），学校要本着宽容、平等的态度重新接纳他们，使其回归正常的学校生活。但对于造成严重伤害或后果的欺凌者（施暴者），在征求学生及其家长意见后，需要考虑对其进行转班、转校的处理；对于屡教不改或情节恶劣的欺凌者（施暴者），需要将其转至专门（工读）学校进行矫治。

班主任应着重关注欺凌者（施暴者）回归班级后的状态和表现，如果其不被原班级学生接纳，且自身也无法融入集体，班主任应将此情况及时报告学校，并联系学生家长，考虑是否安排转班或转校。对于转班或转校工作，班主任应在与学生家长、学校主管校长充分协商并达成一致意见后，按照学校已有规定进行处理。

如果欺凌者（施暴者）的问题长期得不到有效解决，欺凌者已不适合在学校继续学习生活，学校应积极与专门（工读）学校联系，寻求帮助。学校可邀请专门（工读）学校的指导教师提前介入对学生的教育，争取让学生的不良行为在学校内得到矫正。专门（工读）学校的指导教师可定期到事发学校与当事学生及其家长和教师沟通，提供有针对性的教育指导意见。经过一段时间的教育，对确实无法在学校继续学习生活或屡教不改的学生，学校要与其家长进行协商并在达成一致意见后，将其转入专门（工读）学校让其继续完成学业。

2. 对于被欺凌者（被施暴者）

对于被欺凌者（被施暴者），学校要创设温馨、和谐的氛围，班主任也要在班级中提前与其他学生做好沟通，使其较为顺利地回归正常的学校生活。当被欺凌者（被施暴者）受到较大刺激或伤害以致短时间内无法回归集体时，学校要提供必要的学业和生活支持，在与家长达成一致意见的基础上为学生办理休学手续。

三、做好事件的总结记录与报告

（一）对事件的全面总结记录

根据《学生伤害事故处理办法》和相关法律、行政法规及有关规定，学校发生学生欺凌和暴力事件后，应有书面的事件处理记录并及时向上级教育主管部门报告。对事件的全面总结记录不仅是对事件处理的详细文字记录和处理意见汇总，也是学校需要留存的重要档案，更是学校改善相关事件应对处理流程的重要参考，学校应对此予以高度重视。对学生欺凌和暴力事件的总结记录也应及时上报上级教育主管部门。

1. 欺凌事件的总结记录

欺凌事件总结记录的主要内容应包括以下几项重要内容。

（1）事件总体描述：经过严谨调查后，教师（班主任或事件处理负责人）需要记录事件发生的地点、时间、当事双方对事件的描述和教师对事件发生原因的分析。记录此项内容的主要目的是将事件的经过固化为文字存档，并作为后续处理和善后恢复的依据。

（2）当事人基本信息：教师应记录当事学生的基本信息。关于此项记录需要注意的是，若日后需要向社会公开事件处理意见和相关信息，此项内容应做适当处理，不可泄露学生个人隐私。

（3）事件处理会议记录：防治学生欺凌和暴力工作领导小组（或学校）在处理学生欺凌和暴力事件时，如召开相关会议，应有书面的会议记录。主要内容应包含会议召集人、参会人员、会议时间、会议地点、各方对事件的陈述和基本观点以及会议形成的相关决议（如处理意见、善后方式、分工、是否需要校外资源等）。

（4）事件处理意见：对事件进行充分调查后，防治学生欺凌和暴力工作领导小组应提出事件处理意见，包含对欺凌者（施暴者）的教育措施和对被欺凌者（被施暴者）的帮扶措施。

（5）事件善后恢复记录：学生欺凌和暴力事件得以妥善处理后，学校应针对涉事学生、家长和教师制订有针对性的善后恢复计划，提出善后恢复的具体流程、方案，并记录善后恢复的效果。

（6）事件最终决定：防治学生欺凌和暴力工作领导小组在妥善处理事件并完成短期善后工作后，应对此事件做最终的决定和书面意见汇总。召开包括当事双方家长在内的全体人员会议，确定学生欺凌和暴力事件已得到妥善解决。

2. 暴力事件的总结记录

暴力事件的总结记录除包含上述六个项目外，一般还应包括以下几项重要内容。

（1）医疗卫生部门鉴定：暴力事件可能会造成相关人员的身体伤害，学校应当及时将受伤人员转移至医院接受治疗，并将医疗卫生部门出具的诊断意见妥善留存。

（2）公安部门处理情况：暴力事件发生后，公安部门会介入处理，学校应积极配合公安部门处理事件，并将公安部门的处理情况进行记录，若条件许可，可以留存公安部门的处理意见。

（3）赔偿方案：暴力事件一般会涉及人员的伤害赔偿，学校应为各方提供沟通解决问题的机会，邀请公安部门、社区代表、律师和保险赔偿人员等相关人员，将各方协商确定好的赔偿方案落实在书面上，并由各方签字确认。

对于疑似学生欺凌（暴力）事件，经学校防治学生欺凌和暴力工作领导小组确认，符合学生欺凌（暴力）认定条件的，按流程对事件进行处理，善后恢复工作组应就当事者及其他相关者制订善后恢复计划。在善后恢复过程中，防治学生欺凌和暴力工作领导小组与班主任要按事件发生和处理的实际情况填写《学生欺凌（暴力）事件个案处理和恢复记录表》。

（二）吸取经验教训并总结反思

目前，一些中小学校发生了突发事件后，往往更加重视对事件的应对处置，而忽视了对事件的全面总结反思。总结反思同样是学校应对突发事件的重要工作，需要学校对事件处理流程、计划、决策等各方面进行全面评价反思，尽可能详尽地列出事件处理过程中出现的各类问题，以便日后修改完善。

学生欺凌和暴力事件得以妥善处理后，学校应及时对事件进行总结和反思。由于师生一般是学生欺凌和暴力事件的当事者或目击者，也是最可靠的意见反馈者，因此学校要向部分学生（涉事班级的其他学生、学生群体中的干部等）和教师征询意见与建议。对于整个事件处理的方式、方法和效果，他们可以反馈比较客观的信息，便于学校及时总结并从中吸取教训。

学校可从事件的发现、早期干预、应对处理方式、沟通方式、善后流程等方面进行总结，及时发现事件处理中存在的问题与不足，并修改完善学校相关制度和规定。学校在平时还应注重对学校环境氛围的创设、学生纪律的监督、预防课程的实施、教职工的培训、学校周边环境的普查以及与家长的及时沟通。

（三）对外公布事件调查结果

当学校内部发生的学生欺凌和暴力事件已由媒体传播至社会，且已引起社会广泛关注时，事件本身就已经超出了学校教育的范围，此时学校就要进行有效且明确的回应，以表明学校对于事件处理的基本态度和原则，这是学校应对媒体应具备的基本素养。学校应安排至少一名素养较高（最好是有一定新闻发布能力和面对媒体的经验）的人担任本校新闻发言人（可由学校的书记、法治副校长担任）。

1. 对待公众、媒体态度应诚恳

学校在面对公众和媒体对于学生欺凌和暴力事件处理、应对工作方面的询问与质疑时，态度应积极诚恳，用真诚的态度来面对公众，达到良性沟通的目的，不要刻意回避或表现出不欢迎、不耐烦、冷淡、消极等态度。

在对外公布事件的相关资料或说明时，要做到诚实、公正。值得注意的是，公布的事件相关资料和说明内容要真实，但范围要有所限制，不能涉及可能造成未成年人合法权益受到侵犯的内容。

2. 主动通报事件或召开新闻发布会

学生欺凌和暴力事件可能会成为媒体或公众关注的焦点，通过适当、及时的媒体报道，主动说明事件处理情况，有助于澄清公众对事件的质疑。

学校可在妥善处理完学生欺凌和暴力事件后，适时、主动联系媒体，在保障未成年人合法权益不受侵犯的前提下，提供包含事件主要经过和处理意见的新闻稿或事件说明稿。

在必要时，学校防治学生欺凌和暴力工作领导小组可利用新闻发布会的形式与公众和媒体进行面对面沟通。新闻发布会因受众人数多、覆盖面广、影响力大且包括自媒体在内的多种媒体都可参与，是其他形式无法取代的官方信息发布形式。新闻发布会也提供了人与人之间面对面交流和沟通的机会，很多困惑和疑团都可以在新闻发布会上得以化解。

例如，某学校发生了学生欺凌事件，在与学生、家长妥善处理好事件后，学校主动联系一家较为权威的媒体，由学校主管校长就学校发生的事件回应社会关切，陈述了事件发生的基本情况、学校处理意见等，态度诚恳，表达严谨。这为学校恢复社会形象、重建温馨氛围提供了机会。

3. 对外公布事件调查结果时的要点

（1）在事件处理尚未完全结束时，学校在面对公众和媒体时应放低身段，端正态度，采取有效措施，化解公共危机。

（2）从信息公开的角度，应当坚持第三方原则。无论是对事情本身的调查和认定，还是对这种调查认定结果的发布，尽可能由上级教育主管部门出面。

（3）学校对外提供的内容要清晰、有条理，如有疑虑之处，尽量以证据、实物、数据等加以详细说明。

（4）在面对记者对事件有不同看法或意见时，应与之耐心、诚恳地沟通，不宜轻易动怒或强加争辩，以免产生无谓的争论和误会。

（四）学校声誉的恢复

学校声誉是公众对学校总体印象的评价，是社会大众对学校印象的主观与客观的统一。学校声誉取决于学校的表现。

学校发生学生欺凌和暴力事件会严重损害学校的声誉，公众会因此质疑学校的管理工作，社会会因此降低对教师、学校的信任度，导致学校出现信任危机。

当学生欺凌和暴力事件发生并通过各种渠道传播至公众视线内时，学校在事件的预控、应对以及善后恢复等环节中，出现任何失误或过错都可能导致学校声誉受损。对学校来讲，只有尽早恢复正常的教育教学秩序，才能及时恢复学校声誉。

对于已造成的负面影响，学校应及时采取补救措施，主动担责，向广大师生以及公众提供事件说明并及时回应社会关切，表明校方已经或者即将采取补救措施，以争取舆论的平息，将学校形象受损程度降至最低。

第三节
后续辅导与追踪教育

对受影响学生的后续辅导与追踪教育是善后恢复工作的重中之重。被欺凌者、被施暴者不只是身体受到伤害，精神方面还有可能受到伤害，导致自尊心降低、自信心遭打击。及时给予受伤害学生必要的辅导，能让他们逐渐走出阴影、面对新的生活。而欺凌者、施暴者在实施欺凌或暴力行为后，自身的情绪和心理状态也不稳定，焦躁、不安等不良情绪会影响其人格发展和正常社会化进程，因此，也要给予他们适当辅导。

一、后续辅导与追踪教育的总体原则

学生因欺凌和暴力事件所受到的创伤需要一定时间来恢复，在此过程中，不仅需要受伤害者自身努力克服障碍，也需要学校、家庭以及社会的真诚援助。

学校激励。"解铃还须系铃人。"学校激励是帮助学生修复心理创伤的有效方法。学校要鼓励校内心理咨询教师、德育教师和班主任加入学生创伤辅导的工作中，视情况邀请专业心理辅导机构人员对心理创伤学生进行咨询辅导，释放其心理压力，特别是对存在严重心理障碍的学生要给予及时的帮助，防止意外事件的发生。学校还可开展相关主题教育活动，鼓励学生平等相待，珍爱生命，乐观面对生活。

家庭关爱。家庭是心灵的港湾，也是学生的精神寄托。家庭成员的关爱与呵护能使受伤害学生的紧张心理、压抑情绪得到一定程度的缓解。家人的关爱也会让受伤害学生感受到爱的力量和生命的意义。同时，家庭与学校应密切联系、共同配合，为学生心理创伤康复共同努力。

社会协作。学校要与多部门通力配合，积极沟通，共同做好学生的后续辅导和追踪教育。学校要配合社区做好当事学生日常生活的追踪，要配合派出所做好当事学生的后续教育与帮扶，要配合专业心理辅导机构做好涉事学生的后续心理辅导。

二、对学生欺凌和暴力事件中涉事者的后续辅导

（一）对被欺凌者、被施暴者的后续辅导

学生欺凌和暴力事件必然会给被欺凌者、被施暴者的身心带来较为严重的伤害。尤其需要关注的是，此类事件的发生会使学生对学校产生抵触情绪和不安全感，会剥夺学生在校期间的幸福感，会给被欺凌者和被施暴者造成较为严重的心灵创伤，可能会导致学生形成错误的人生观和世界观。

在后续辅导过程中，最重要的是让被欺凌者和被施暴者尽快从事件的不良影响中走出来，走出恐惧的心理阴影，返回班级和学校。学校和家长应让被欺凌者、被施暴者随时感受到来自教师、同学、父母和亲友自然而真切的关心，从而战胜内心的恐惧。同时，学校的心理教师或专业心理咨询人员要对被欺凌者、被施暴者进行长期的心理辅导，及时发现问题并解决问题。在对被欺凌者和被施暴者进行后续辅导时，应注意以下要点。

1. 教师辅导要点

- 信任为先。不要怀疑或责怪被欺凌者（被施暴者），应以信任的态度面对他们，并鼓励其说出自身的感受，做一个优秀的倾听者。
- 有同理心。清楚欺凌和暴力给学生带来的伤害，正面支持被欺凌者（被施暴者），同时通过积极引导，使其有面对问题的勇气。
- 引导被欺凌者（被施暴者）了解事件背后所潜藏的问题实质，让其了解欺凌和暴力行为的几种特征及发生的主要原因，以化解其自责、不安和愤怒的情绪。
- 注意被欺凌者（被施暴者）是否因事件的压力而出现生理或心理上的不适或情绪困扰，帮助其寻找产生这些症状的原因及解决方法。
- 帮助学生融入群体，结交一些值得信赖的朋友，多与其他同伴交流，减小事件对被欺凌者（被施暴者）的负面影响。
- 学生欺凌和暴力事件可能影响被欺凌者（被施暴者）的自我认同与生活态度。心理教师或专业心理咨询人员可以引导被欺凌者（被施暴者）学习相关的心理辅导知识，协助被欺凌者（被施暴者）自我肯定，提高其适应能力。
- 可以鼓励被欺凌者（被施暴者）参与团体治疗，和有类似经验的人进行分享与对话，从而排解其负面感受与情绪。
- 对于心理遭受较严重创伤的学生，学校应及时联系专业心理辅导机构对学生进行干预。

2. 家长辅导要点

- 更多地陪伴。家长要付出更多的时间来陪伴孩子，鼓励孩子向家长或教师说出内心的感受。
- 参加相关辅导课程。家长可以考虑为孩子报名参加有关自信心培养、友谊建立或自我防卫技巧提升的相关培训课程。
- 经常向孩子了解情况。家长应利用在家陪伴孩子的时间，尽可能地从孩子处多了解学校发生的事情，询问孩子在学校过得是否开心，特别注意孩子的特殊变化。
- 培养孩子应对欺凌和暴力的方法。在此事件的消极影响基本消除后，可利用角色扮演等形式，模拟当遭遇欺凌和暴力时，孩子应该说什么、做什么。比如，身体站直，直视对方，坚定自信地说"离我远一点！"等。

在实际操作中，班主任和学校心理教师只能对学生进行一般性的、简单的心理疏导，专业的心理咨询和辅导需要由专业心理辅导机构人员完成。教师或家长可利用音乐、绘本故事等学生可接受的形式对其进行简单的谈话引导，当学生出现一些恐惧心理时，可利用以下方法帮助学生调整身心状态。

- 教师或家长先辅导学生调整呼吸，同时引导其放松。
- 放松完毕后，开始让学生想象自己特别喜欢并带给自己愉悦感的三个物品或场景，一个彻底想清楚了再想下一个。三个全想完了，教师或家长可以放（发出）三种不同的声音，让学生把注意力集中在这三种声音上，一个一个来。
- 结束后，再引导学生调整呼吸、放松。
- 之后再利用两个物品或场景进行想象，并再放（发出）两种声音。

- 结束后，再引导学生调整呼吸、放松，再整个来一组。
- 当这三组结束后，基本就能起到放松身心的作用，再配合舒缓的音乐，引导学生向教师或家长倾诉内心想法。

（二）对欺凌者和施暴者的后续辅导

学生欺凌事件对被欺凌者的影响是显而易见的，而对欺凌者的影响却很容易被忽视。欺凌行为既损人又害己，既给被欺凌者的身心带来伤害，也会给欺凌者自身心理带来不良影响，如信心丧失、出现外部行为问题、学业困难、情绪调节困难等。此外，欺凌者的社会支持会受到较大影响，而他们往往因为不能很好地维持人际关系，可能还会参加不良社会组织或产生其他过激行为，进而影响其人格发展和正常社会化进程。

在某学校发生几名男生强迫一名男生裸露隐私部位，并拍摄照片上传至社交网络的事件后，被欺凌者的心理受到了极大伤害，而实施欺凌的几名男生也出现了恐惧、不安和自责的心理，其中个别学生还产生了抑郁。

中小学生心智发育尚不成熟，欺凌者的心理状况同样值得关注。

在对欺凌者进行心理辅导与教育时，应注意以下要点。

- 在辅导时，应使欺凌者明白欺凌行为会给被欺凌者造成身心与人际交往方面的伤害。
- 培养同理心。让欺凌者了解自己的行为对他人造成的负面影响，并协助其纠正行为，不重蹈覆辙。
- 增强欺凌者对欺凌行为的认识，使欺凌者尊重被欺凌者和其他同学。
- 教导欺凌者监督自己的行为。让欺凌者记录下自己的不良行为，或用更积极的方式，记录自己没有犯错误的总时间。通过这一方式不断规范欺凌者的行为，使其增强自我控制能力。

- 通过适当的心理辅导，使欺凌者认识到自我中心、暴躁、蔑视他人等造成的负面影响。
- 通过适当的心理辅导，使欺凌者学会缓解压力与管理情绪的方法。
- 辅导欺凌者学习人际交往知识、相关的法律常识等。
- 对于有较严重心理问题的学生，学校应及时联系专业心理辅导机构进行干预。

而在校园暴力事件中，作为施暴者，同样需要后续辅导。施暴者因冲动、焦躁等应激反应导致发生暴力事件，事后可能会有后悔表现，认为对不起家长、教师和被施暴者。此时应给施暴者提供一些发泄情绪的机会，同样要给他们以心灵上的温暖，不要让他们感到被遗弃、被孤立。

对施暴者进行心理辅导与教育时，应注意以下要点。

- 在学校保卫部门（情节严重的可能需移交公安、司法部门，公安、司法部门会有相应的专业处理措施）对事件进行处理后，家长、教师都应接纳施暴者。
- 当施暴者重返班级以后，可以通过专门的团体活动（如篮球比赛、足球比赛、野餐等），让其参与进来，使其感觉被接纳和来自班集体的温暖。
- 对施暴者进行适当的心理干预，通过适当的心理辅导，使施暴者认识到自我中心、冲动等造成的负面影响。
- 通过适当的心理辅导，使施暴者学会处理压力与管理情绪。这有利于从根本上改变施暴者的不良行为，使他们更好地面对以后的生活。

对于家长而言，要言传身教，为孩子树立榜样，控制自己的情绪和言行，尽量不在孩子面前争吵，营造和谐的家庭氛围。如果孩子在家庭中目睹的都是家长之间的攻击和指责，孩子就会模仿，认为这样解决问题的办法是可行的、有效的，很容易将其迁移到学校情境中。家长对孩子的教育要采用温和、民主的教养方式，减少批评、打骂。当孩子没有达到家长的期望时，家长要耐心倾听孩子的想法，询问孩子需要怎样的帮助，而不是一味地指责和打骂；当与孩子意见不一致时，家长要与孩子一起讨论，而不是压制孩子，要求孩子绝对服从。

（三）对事发班级学生的后续辅导

当学生欺凌和暴力事件发生后，为学生提供安全可信任的环境、必要的照顾以及情感上的支持显得尤为重要。

在个体层面，教师在后续辅导阶段，不宜再过分询问事件发生的具体细节，否则将不利于整个班级氛围的恢复。教师要运用肢体语言（握手或拥抱），让目睹事件发生的学生痛苦的心感受到爱与温暖，让学生在拥抱中体验到依靠，并通过积极想象等方式改变学生的不安全感，使其受创的心灵得以平复。

在班级层面，班主任应在学校的统一指导下，对发生的学生欺凌和暴力事件向班上学生做简单说明，还应根据班级学生的状态和情绪进行有针对性的干预和教育，其中能起到直接效果的最好方式是召开主题教育班会。

- 班主任要反思自己在学生欺凌和暴力事件上的疏忽和平时工作没做好的地方，表达自己对事件发生的遗憾和痛心。
- 要了解学生对这个事件的感想，让学生以其认可的方式表达他们的所感所想，不要压抑他们的感受。对学生表现出来的情绪不做任何评判而要表示理解，最好使用肢体语言，如仔细聆听、微微点头，使学生倾诉、发泄的欲望得到满足。
- 对学生进行思想教育和法治教育。告诫学生要用合理、正确的方法解决同学之间的矛盾，而不能用暴力的方式来解决。
- 教育学生要处理好同学之间的关系，对学生加强人际交往能力和沟通技巧的培养。

- 如果班上有学生在此次事件中受伤,可以让学生表达对受伤同学的关心,组织班干部和其他学生代表去看望受伤学生并送上同学们的祝福;如果有学生不幸在事件中死亡,可让学生在卡片上写下对该同学的心里话,希望同学能够安息,也对其家长致以问候。
- 对于不幸死亡学生的同桌、室友和好朋友,可请专业心理教师对他们进行疏导和抚慰并做追踪心理辅导。

(四)对全体学生*的后续辅导

在学生欺凌和暴力事件中,除了欺凌者、被欺凌者、施暴者和被施暴者之外,还有一个重要的群体就是围观者。事件发生后,对围观者的心理辅导同样重要。围观者可能会以某种方式推动甚至效仿欺凌和暴力行为,同时还可能会使广大学生感到欺凌和攻击是解决问题的有效方式,会催生出更多的欺凌者和施暴者。围观者还可能因为受到欺凌和暴力事件的影响,对校园、班级产生不安全感,在人际交往上出现障碍。

学生欺凌和暴力事件的发生对整个校园环境也有严重的消极影响,会使在校学生产生不安全感,影响他们在校学习和生活。对于全体学生的事后心理干预和辅导,最好在事件发生后的 72 小时内进行,对经历了此类事件的师生进行及时的心理干预,帮助其恢复正常生活,使其重新融入集体。对于有严重症状的学生应及时转送至专业医疗或心理辅导机构做进一步干预和治疗。

在对全体学生(尤其是围观者)进行后续辅导与教育时,应注意以下要点。

---

* 这里的"全体学生",指除了欺凌者、被欺凌者、施暴者、被施暴者和事发班级学生之外的其他与学生欺凌和暴力事件相关的学生。

- 要对围观者进行教育引导，要求学生做到对欺凌行为不围观、不起哄、不拍照、不煽风点火。
- 要给被欺凌者提供力所能及的帮助，可匿名报告，或联手声讨阻止，共同维护校园安全。
- 开放心理咨询室，配备专(兼)职的专业心理咨询师，通过心理健康教育活动课和经常性的心理咨询活动等，对学生进行专门的心理辅导。
- 开展多类型心理主题活动，可以设计角色扮演、需求表达、头脑风暴等活动，帮助学生更好地应对欺凌行为。特别是在欺凌行为发生后，心理主题活动能及时有效地为中小学生提供心理帮助，减小欺凌行为带来的不良影响。

三、追踪教育的要点与方法

对学生欺凌和暴力事件的当事学生甚至全校师生来讲，辅导与帮助都是一项长期工作，需要全面、持续地进行。

（一）对当事学生的追踪教育

学校在按照已有规定对学生进行相关处罚、安抚、赔偿、教育和辅导后，对学生的追踪教育就应该在日常教育活动中开展。

1. 对被欺凌者和被施暴者的追踪教育

在对学生进行后续辅导时，教师应多加关注被欺凌者和被施暴者，做好追踪教育工作。对于被欺凌者和被施暴者而言，最重要的是要关注其是否恢复自信心，是否能够再次融入班集体，是否能与同学、教师和家长进行正常的交流沟通，遇到问题时是否能够积极表达自己的立场和要求，与同学发生纠纷时是否能够很好地处理等。如果被欺凌者（被施暴者）在日常学习生活中对欺凌者（施暴者）仍有抵触情绪或不愿与其接触，教师可尝试对其进行隔离（转组或转班）；若仍不能解决的，可向学校防治学生欺凌和暴力工作领导小组或专业心理辅导机构咨询解决方案。

- 在日常生活中，要教导学生保护自己，遇事不能躲闪，要正确、理性面对。
- 要帮助学生重新树立自信。在班级活动中多为学生创造展示机会，课堂教学中也可以有意对自信不足的学生加以鼓励。
- 要教导学生主张自己的权利和立场。当学生遇到问题时，要勇于讲出自己的感受，每个人都有权利表达自己的想法和观点，当有人欺负自己时，要勇敢地说"不"。
- 要引导学生正确认识欺凌和暴力行为，明确此类事件虽然使自己受到了伤害，给自己带来了痛苦，但不能长时间受此影响，要积极乐观地看待生活，重新融入学校和班级。

2. 对欺凌者和施暴者的追踪教育

教师通过与欺凌者本人及其家长沟通，可以了解并认定学生欺凌行为的动机和原因，在此基础之上，教师需要帮助欺凌者找出使其停止欺凌行为的办法。

- 帮助欺凌者找一个新朋友，这个朋友可以是欺凌者认可或崇拜的同学或学长，也可以是其尊敬和喜欢的老师，这个朋友的劝说可以对欺凌者起到有效的教育作用。
- 教师不应让学生做口头承诺"再也不欺凌其他同学"，而是可以要求学生从每一天不欺凌其他同学开始做起，逐渐融入班集体，建立良好的人际交往关系。
- 让欺凌者做被欺凌者的保护人。教师可以通过让欺凌者保护被欺凌者的方式，使二者化干戈为玉帛。这样不仅可以降低学生欺凌事件的发生率，还可使欺凌者和被欺凌者的关系变得融洽。

对于施暴者，要关注其日常行为，观察其是否能融入学生群体，是否能处理好与同学之间的关系，是否能友善地解决与同学之间的矛盾，是否还有暴躁、易怒和欺负（殴打）他人等问题行为的发生。如果发现学生有异常行为表现，要及时予以关注并进行适当干预，做好追踪教育。

- 在日常生活中，要引导学生控制自己的情绪，注意情绪发泄的方式。
- 要教导学生对自己的行为负责。无论是开玩笑还是打闹，都要把握尺度、注意方式、管理好情绪，不要因小事而引发严重问题。
- 要教导学生多与教师、家长和同伴沟通。告诉学生当遇到问题无法独立解决或不能融入群体时，与教师、家长和同伴沟通是一种很好的解决方式。鼓励学生勇于将自己的内心感受和真实想法告诉教师、家长和同伴，主动找他们咨询意见和建议，请他们帮助自己改变行为方式。
- 要引导学生不再参与暴力事件，使其明白此类事件会对他人造成严重的身心伤害，不利于同学之间关系的维护，更有损班级、学校的和谐氛围。

（二）对全体学生的持续教育

在事件发生后，对于全体学生的持续教育，首先是要告知学生近期发生事件的事实，不要让学生"捕风捉影，以讹传讹"。因为事实对经历了危机事件的学生尤为重要，可以避免学生出现无端猜疑和恐慌。

陈述事实最好的方式是召开全校大会，由校长在会议上宣布事件处理结果。宣布的内容应简单直接，尽量不涉及事件发生的具体方式，特别是避免对实施细节的描述，以避免心理学上所说的"模仿性"事件的发生。

校长的讲话要向全体学生传达的信息有：对在学生欺凌和暴力事件中的受害学生表示关心；该事件已经交由学校有关部门处理；学校一定会本着公平的原则处理该事件；请学生转告家长，学校会给所有的学生及其家长一个合理的交代。

同时，学校可请专业心理辅导机构在学校内提供心理咨询服务，使有心理辅导或支持需要的学生得到专业人士的针对性帮助。

1. 帮助学生"自我合理化"

"自我合理化"即当一个人遭遇突发事件而不能及时调整时，他需要为自己的负面情绪找到理由，以缓解内心的不安，从而安慰自己，求得心理平衡。换言之，就是要悦纳自我、接受现实，善于用各种理由把自己的境遇合理化。这种方法应在心理教师的辅导下使用，只要运用得当，有助于学生进行积极的心理危机应对。

2. 引导学生逐步调适情绪

追踪教育过程的重点就是用一定的时间来减轻或消除学生的紧张和痛苦情绪。紧张是面对突发事件的自然反应，过分紧张不利于学生成功应对心理危机。教师或家长可以通过呼吸放松训练等方法来帮助学生消除过分紧张的情绪，使学生掌握一些调适情绪的方法，逐步形成自我调适的意识和能力。

3. 引导学生正确认识欺凌和暴力的危害

教师要在日常教育中明确告诉学生欺凌和暴力行为是不正确的，是会对自身和其他同学造成严重影响的。当与同学之间发生矛盾和冲突时，要理性、平和地处理，不要通过非常规手段解决，更不能有"以武力对抗"的想法。教师要引导学生注意日常用语，在日常交往中不要说侮辱性话语和污言秽语，为和谐班级、和谐校园贡献自己的力量。教师还要注意学生间异常的关系，并及时干预和引导。

4. 与家长合作为学生创设温馨氛围

教师应与家长多沟通，减轻家长的压力，改变家长的防备心理，与家长建立互信关系，使家长能与学校长期交流合作。欺凌或暴力事件得到妥善处理后，教师应指导家长在家庭生活中关注孩子的心理状况，积极创设温馨、和谐的家庭氛围，多与孩子谈心聊天，给予孩子更多的关心和支持。

5. 鼓励学生寻求多方支持

学生遇到欺凌或暴力事件后，需要一段时间来消除消极情绪或负面的心理感受，但是单凭个人力量往往无法成功应对。因此，多方支持就显得十分重要。学校建立的心理咨询室应设专人值班，为需要心理辅导的学生提供及时、有效的帮助。学校还应利用好社会资源，只要学生主动寻求社会支持，学校就应积极联系社会专业机构、心理咨询中心为其提供帮助。另外，寻求社会支持的方法还有找人倾诉烦恼、参与社会实践、参加志愿服务等。

第六章
家长如何应对
学生欺凌和暴力问题

　　预防学生欺凌和暴力事件的发生、妥善应对学生欺凌和暴力问题并对涉事学生进行辅导，仅靠学校一方的力量远远不够，还需要社会各方的协作。其中，家长起着重要作用。家庭是孩子的安全港湾，对孩子的身心发展有很大影响。家庭对防治学生欺凌和暴力具有极其重要的意义。

　　为更好地防治学生欺凌和暴力，学校要引导家长重新认识家庭氛围的重要性，给孩子营造温馨的家庭氛围，树立科学的教育理念，学习正确的教育方式，与孩子建立良好的亲子关系。

　　当学生欺凌和暴力事件发生后，孩子可能会直接或间接地向家长诉说或求救。此时，若家长不能理解、不予重视，采取视而不见、听而不闻的态度，或者否定孩子的说法，或者给予不正确、不负责任的建议等，都会让孩子对家庭失去信心，从而导致各种问题的发生。因此，家长需要了解并掌握应对欺凌和暴力问题的基本知识与技能。当孩子成为被欺凌者、欺凌者或围观者时，家长应知道如何进行有效的干预和辅导。

第一节
重新认识家庭的重要意义

为预防学生欺凌和暴力事件的发生，学校应引导家长重新认识家庭的重要意义，主要包括三个方面：（1）认识家庭氛围的重要性，家长应从防治学生欺凌和暴力的角度，了解良好家庭氛围的积极影响和不良家庭氛围的消极影响；（2）认识家庭教育的重要性，家长应重视品行品德教育，学会正确的教育方式；（3）认识亲子关系的重要性，家长应从多个角度明确良好的亲子关系对防治学生欺凌和暴力的重要意义。

一、认识家庭氛围的重要性

所谓家庭氛围，指的是一个家庭中家庭成员之间的关系及其所营造的氛围，它直接影响孩子的心理发展及个性品格的形成。良好的家庭氛围应当是温馨、民主、平等、宽容的，能促使孩子形成活泼开朗、友善、平和、宽容的性格，使孩子感受到家庭的温暖、体会到家庭的关爱，从而有助于孩子形成健全的人格和健康的心理。相反，氛围不佳的家庭往往充斥着冲突与争吵，家庭成员之间关系冷漠，这种不良的家庭氛围往往会对孩子产生较严重的负面影响。

有调查显示，在父母感情不和的家庭中成长的孩子，大多存在自信心不足、退缩、不合群等表现，有的还会产生攻击行为（徐燕，2009）。父母感情不和甚至相互厌恶的家庭可能会使孩子也产生类似表现，如不知道如何爱别人，在学校里不关爱同学甚至欺凌同学。父母的争吵和相互攻击会使孩子因模仿而变得暴戾或充满攻击性。冷漠、不和谐的家庭氛围可能使孩子变得内向、孤僻和不善交际，进而容易变成被欺凌者。烦闷消沉的家庭氛围可能使孩子产生消极的情绪，也会给孩子的日常生活蒙上不快的阴影，不利于其健康心理和健全人格的形成。平等、和谐、温馨的家庭氛围能让孩子体会到家庭的关爱，孩子会形成独立的人格和坚定的品质，家长的言传身教能让孩子学会平等对待并尊重每个人，不因他人的弱小而欺负他人，从而形成乐于助人、关爱他人的良好品德和行为。

此外，良好的家庭氛围还能在一定程度上弥补家庭结构不完整带来的缺陷。家庭缺陷可能给孩子带来焦虑和恐惧，使孩子感觉缺乏关爱。而从孩子的身心成长来看，如果家庭氛围良好，即使结构不完整的家庭也可以让孩子感觉到温暖和安全，从而在一定程度上减轻因家庭缺陷给孩子带来的焦虑和恐惧，进而避免由此导致的攻击和畏惧等负面行为。

因此，为了让孩子形成良好的人格和健康的心理，减小孩子欺凌同学或被同学欺凌的可能性，尽可能减少孩子的问题行为，家长要给孩子创设良好的家庭氛围。

为了让孩子形成良好的人格，父母要保持和谐的关系，不能冷淡相对甚至相互厌恶；为了让孩子不情绪化处事，家庭应保持平和的氛围，父母之间要减少冲突，杜绝暴力和极端情绪化行为；为了让孩子不畏惧退缩，家庭应保持温暖的氛围，让孩子感受到温暖和安全；为了让孩子学会关爱别人，家庭成员之间应充满关爱，让孩子学会爱他人；为了让孩子不欺负弱小，父母应将孩子视为独立的个体，让孩子感受到家庭成员之间的民主和平等。

二、认识家庭教育的重要性

俗话说，父母是孩子的第一任老师，家庭是孩子成长的重要环境，家庭教育对孩子成长的作用不言而喻。有一种说法：孩子身上的问题，原因多在家庭；治疗孩子的"病"，需要家长先吃"药"。这个说法虽略显偏激，却不无道理。家庭教育既是学生欺凌事件发生的重要影响因素，也是预防和解决学生欺凌问题的关键要素，所有家长都应从"重新审视家庭教育重要性"的角度来理解这个道理。

为了孩子的身心健康，也为了充分发挥家庭在防治学生欺凌和暴力过程中的作用，家长一方面要树立正确的教育观念，重视品行品德教育；另一方面要掌握正确的教育方式，对孩子不纵容、不溺爱、不迁就、不蛮横和不专制。

（一）重视品行品德教育

家长都关心自己的孩子能否健康快乐地成长，但当从家庭教育的角度说到家长教育时，绝大多数家长的关注重心是孩子的学习。家长之间的交流、家长与教师的交流、家长委员会的讨论等，多以学习情况的交流为中心。许多家长甚至有一种以给孩子报课外补习班替代家庭教育责任和义务的错误观念。许多家长只记得三字经对"孟母三迁"的概括——"昔孟母，择邻处。子不学，断机杼"，却忘记了孟母每一次搬家都是因为担心孩子模仿邻里的不良行为而养成不良习惯。

家庭教育中，对孩子的品行品德教育永远是第一位的。特别是在预防和应对学生欺凌问题上，品德教育的重要性需要每位家长重新思考和认识。学生欺凌事件中无论对欺凌者还是被欺凌者而言，家庭都是其重要的影响因素之一。家庭影响的范围很广泛，而突出的问题却相对集中，那就是只重视孩子的学习成绩，忽视孩子的品行品德和规范意识教育。

家长在对孩子进行品行品德教育时应特别重视教会孩子明辨是非，培养孩子的同理心，教育孩子学会尊重和包容个体之间的差异。

首先，如果孩子明辨是非，就会知道哪些行为是错误的，哪些行为是不可以做的，因而也会知道欺凌别人是错误的。其次，如果家长重视培养孩子的同理心，教会孩子理解他人的感受，那么孩子就能站在他人的立场上思考，因此也就不太可能欺凌同学使其遭受强烈的身心痛苦。再次，欺凌者往往以强凌弱，且乐于攻击被欺凌者"不一样"的方面，如个子矮小等，为预防此类事件的发生，家长应教育孩子学会尊重个体之间的差异。

家庭伴随孩子成长，相较于学校教育，家庭教育更能塑造孩子的道德品行，使其形成正确的价值观念。为预防学生欺凌和暴力问题，家长应树立科学的教育理念，重视对孩子的品德教育。

（二）掌握正确的教育方式

家长的教育方式对孩子的行为有着极大的影响。父母教育孩子的方式多种多样，家长应善于对孩子进行引导，给孩子提出适当但不过分严格的要求，同时也不放任或溺爱孩子。一般来说，如果家长习惯采用蛮横专制的方式教育孩子，孩子可能会有攻击性倾向；如果家长易于冲动，孩子的个性往往比较激进，从而可能具有欺凌和暴力行为的倾向。

家长要特别注意，当孩子出现错误言行时应及时教育孩子，不能放任不管，对孩子的教育应合适、得体。涉及具体问题的教育时，应当巧妙引导，讲道理、摆事实，使孩子懂道理、明辨是非，切勿谩骂、奚落、侮辱甚至体罚孩子。不当的教育方式非但难以达到良好的教育效果，反而可能成为孩子日后的模仿对象，增大其欺凌他人的可能性。

例如，当被告知自己的孩子欺凌了同学时，有的家长采取否认、护短的态度，有的家长采取打骂、体罚的方式，这样的处理方式不仅不利于教育孩子改正错误行为，反而会助长孩子的欺凌行为，使事态进一步恶化，同时也不利于良好亲子关系的建立。还有些家长对孩子的欺凌行为不予重视，在事情发生后不对其进行正确的引导和教育，认为孩子间一般性的玩闹、打架都是正常的，等他长大懂事了就自然改正过来了。这种不负责任的想法也会使孩子越走越偏，最终可能导致其出现严重的欺凌行为。

正确的教育方式应该如下。

- 对孩子的无理要求，要拒绝，不要迁就。
- 对孩子的不当行为，要重视，不要忽视。
- 对孩子的错误行为，要管教，不要纵容。
- 对孩子的暴力行为，要处罚，不要否认。
- 对孩子的错误观念，要教育，不要放任。

三、认识亲子关系的重要性

家长与孩子之间建立起的情感联系和亲子关系会对孩子人格的形成产生极其重要的影响，建立良好、亲密的亲子关系对于防治学生欺凌和暴力意义重大。

首先，良好的亲子关系有利于家长更好地开展家庭教育。与孩子建立良好、亲密的亲子关系极为重要，在这种关系中，孩子相信父母，愿意倾听父母的教诲、接受父母的教育。

其次，良好的亲子关系有利于家长与孩子之间的沟通。如果孩子感受到与家长的关系是亲密的，那么孩子会更愿意与家长沟通交流，其中就包括向家长诉说自己的想法、在学校里遇到的困扰、与其他同学的关系等。家长从孩子平日的诉说里就可以及时了解孩子的动态，预防并及早发现学生欺凌和暴力事件的发生。另外，当学生欺凌和暴力事件发生后，家长和孩子之间积极、有效的沟通有助于快速、妥善地解决问题。

再次，良好的亲子关系也可以让孩子感受到来自家庭的支持力量。在良好的亲子关系中，孩子对父母是信任的，孩子知道父母爱自己并时刻支持自己。有一些孩子被同学欺凌后之所以不告诉父母，就是因为不良的亲子关系使他们担心父母不会支持他们，相反可能会认为这只是孩子间的小打小闹，甚至反过来责怪他们。对于被欺凌的孩子来说，感受到家庭的支持可以极大地抚慰他们的身心，最大限度地缓解他们的痛苦。因此，建立良好的亲子关系具有重要意义。

最后，良好的亲子关系可以给孩子充足的安全感，并有助于孩子将这种安全感迁移到其他关系（如同伴关系）中。父母与孩子的关系越好，孩子的安全感会越强，其对同伴的信任也会更强，与同伴的交往也会越友好。若孩子对父母失去了信任和安全感，双方总是彼此不满，则孩子与同伴的关系也容易疏远。对同伴缺乏信任、不善交往的孩子更容易出现攻击和暴力行为。

建立良好的亲子关系要从孩子很小的时候做起。从心理学上来说，婴幼儿时期孩子与父母之间的依恋关系会影响孩子后续的身心发展。在日常生活中，家长应给予孩子足够的爱，让孩子感受到足够的温暖，并愿意充分信任家长。而如何让孩子感受到被爱，则需要家长尽量在日常的每件小事中让孩子感到温暖。另外，家长也应与孩子多沟通，给予孩子足够的理解。只有这样，才能更好地爱孩子。孩子也会在被父母照顾和关爱的过程中学会关爱他人，进而大大减小欺负别人的可能性。

第二节
正确应对孩子的欺凌问题

若孩子卷入欺凌事件，家长应运用正确的方式应对、处理孩子的欺凌问题，应根据孩子在欺凌事件中的角色采取有针对性的应对方式。具体来说，若孩子是被欺凌者，家长应引导孩子说出事实，向孩子做出坚定的保护承诺，同时通知教师进行处理并教给孩子应对欺凌的正确方法；若孩子是欺凌者，家长应告诉孩子欺凌他人是错误的，严肃教育孩子，主动担责并配合学校解决问题，同时分析孩子欺凌他人的深层原因；若孩子是围观者，家长应安抚孩子，让孩子不要害怕，教育孩子不要模仿欺凌行为，并以正确方式帮助被欺凌者。

一、作为被欺凌者的家长
（一）仔细观察，引导孩子说出发生了什么
若孩子放学回家后，一反常态，不愿说话，不回答家长的问话，甚至不敢直视家长的眼睛，或者出言不逊、反常地顶撞家长，或者编造理由让家长跟教师请假，不想上学等，一旦发现这类情况，家长应思考以下可能性：是不是孩子在学校遇到了什么问题或发生了不好的事情？有没有可能在学校被

其他人欺负了？此时，家长首先应细心观察孩子的眼神、表情、姿势和动作是否有异样。其次，应检查孩子的衣服、物品和头发等是否有变化。再次，认真听孩子说话的语气、字眼和声调等是否带有某种情绪。接着，设法给孩子以爱抚，看孩子是否像往常一样高兴，是否有躲避、抗拒或委屈、抽搐等行为。最后，尝试温和地询问孩子究竟发生了什么事。如果孩子不愿意回答，则让其回房间休息，视情况而定。同时，马上跟教师联系，询问相关情况。

如果家长发现孩子回家后确有异样的情绪反应或异常的行为举止，并且不愿跟家长说，那么，家长可以先避开这个话题，跟孩子聊些别的事情，或让孩子玩玩游戏、听听音乐，或干脆躺一会儿、静一静，借以减缓压力，走出封闭的心境。等孩子愿意说了，再好好听孩子诉说。

有些被欺凌的孩子，无论家长运用什么手段都不愿意跟家长说自己被欺凌的事情。遇到这种情况，家长可以绕开孩子自身的话题，说些别人的事情，用类比的方式让孩子明白，只有告诉了家长，家长才能帮助其摆脱被欺凌的困境。比如，可以说说自己小时候曾被同学取外号、嘲笑的故事，并着重说明自己如何在家长和教师的帮助下解决了欺凌问题。

当孩子愿意开口跟家长说的时候，家长要始终保持平和的心态和表情来倾听，不要表现出焦虑不安的情绪，也不要说一些没用的甚至会起反作用的话，如"他骂你，你也可以骂他呀""告诉老师给你调座位，不跟他坐在一起"等，这类话对孩子来说都没有帮助，只能让孩子产生"跟家长说没用"的感受。

判断孩子是否在校受到欺凌，家长应重点关注孩子以下几个方面的变化情况。

- 孩子的身体是否有伤口、红肿、瘀青，衣服是否有破损。
- 孩子的饮食和睡眠是否发生改变，如容易失眠、消化不良等。
- 孩子的情绪和性格是否突然改变，如不愿意上学。

（二）做出承诺，使孩子感受到家庭的支持力量

家庭是孩子的安全港湾，家长是孩子的稳固靠山。在孩子跟家长诉说被欺凌的事情后，家长首先要给予孩子一个"坚定站在他这一边"的明确承诺，让孩子感受到家庭的支持力量。要明确告诉孩子，错误的一方是欺凌者而不是自己，这是为了防止被欺凌者将问题的原因归结到自己身上。例如，学习成绩优异的孩子可能因为常被同学取笑说是"书呆子"，因而故意让自己的成绩下降。在家长坚定的保护承诺之下，被欺凌孩子的内心痛苦能较快地得到缓解。

遭受了欺凌的孩子往往不敢向教师报告自己遭受伤害的事实，但如果有了家长的支持和明确承诺，孩子就能体会到足够的安全感，此时若同时辅之以家长给出的问题解决办法，孩子便会敢于向教师报告了，从而可以更好地应对问题，防止事件的恶化。

家长虽不是解决欺凌问题的最终力量，却是引导孩子正确应对欺凌的重要帮助者。只有在家长、教师的支持和共同努力下，才能有效地解决欺凌问题。

（三）通知教师进行处理

如果孩子遭受了欺凌，家长要做的是立即与班主任联系，要求班主任对事件进行调查，向学校求证相关信息的真实性，确认是否存在真实的欺凌行为。如果孩子确实被欺凌了，家长也应要求班主任进行处理，并主动配合学校的工作，而不是自己直接找对方家长去说理或数落对方家长。

学历再高、经验再丰富的家长，当孩子涉入欺凌事件时，都可能在情绪和感情的影响下变得盲目、不冷静，容易在强烈负面情绪的影响下说出不恰当的话，做出不当的行为。例如，数落欺凌者家长的家教有问题、辱骂欺凌者家长等。处理学生之间的矛盾和问题，最好的仲裁人和解决者是教师。家长之间的质问或家长质问孩子都会使问题性质从孩子之间的矛盾升级为成人之间的矛盾，甚至会让事情演变成更严重的社会事件。这不但不利于学生欺凌事件的解决，反而会使问题变得愈发严重，有可能使更多的人受到更大的伤害，特别是有可能使双方孩子都受到更深的伤害。

（四）教给孩子应对欺凌的正确方法

为防止孩子以后再次遭受欺凌，家长应用较平和的方式就事论事地跟孩子讲明如何理性应对欺凌，尤其注意教给孩子应对各种类型欺凌的具体方法。另外，家长应向被欺凌的孩子说明以下几点。

1. 不要害怕

家长要告诉孩子：欺负你的同学比你力量大、人数多，你虽然不能反击，但也不要害怕。因为犯错误的是欺负你的同学而不是你。家长和教师都会给你提供帮助与支持，严厉批评甚至处罚实施欺凌的同学。家长和教师是你最坚固的依靠。

2. 主动寻求帮助

家长要引导孩子主动寻求帮助，明确告诉孩子：如果你在学校被同学欺负了，应第一时间告诉教师或者家长。虽然有些欺负你的同学可能会威胁你，让你不要告诉大人，或者你担心告诉家长或教师之后欺负你的同学可能会报复你，但你应清楚自己根本无法解决这个问题，只有教师和家长才能处理，一味地隐瞒只会让你受到持续的严重伤害。

3. 切勿肢体回应

家长要告诉孩子：即使你很痛苦，也切不可尝试用肢体回击欺负你的同学。一方面，欺负你的同学往往擅长打架，你跟他们打架很难赢，特别是当很多人一起欺负你一个人的时候；另一方面，即使你勉强赢了，欺负你的同学很可能会集结更多的人来欺负甚至殴打你。肢体回应不但无法解决问题，还会招致更严重的伤害。

二、作为欺凌者的家长

（一）告诉孩子欺凌他人是错误的

如果孩子欺负了同学，首先要让孩子认识到欺负、殴打同学的行为是绝对错误的，并且要帮助其认识到这种错误行为可能带来的严重后果。家长要让孩子认清一个观点，即没有任何人有权力欺负他人，任何人都没有以强凌弱的权力，在学校要尊重每一个同学。

家长应当就事论事地告诉孩子以下道理：无论同学的长相、服饰、学习成绩或参加活动的情况与别人有什么不同，都不能成为受戏弄、受欺凌的理由；同学之间都是平等的关系，大家应该相互尊重，不该以大欺小、以强凌弱；如果同学之间发生矛盾，可以争辩，但不可以对同学实施欺凌；如果你欺负了同学，被欺负的同学会非常痛苦，他们的爸爸妈妈也会很伤心，并且你周围的同学可能会因为你欺负同学而害怕跟你一起玩，教师也可能因此处罚你。家长还可以结合一些媒体报道的典型欺凌事件让孩子意识到欺凌同学的严重后果。

（二）严肃教育孩子

如果孩子欺凌了同学，且被教师或被欺凌者家长告知了详情，此时家长要冷静、耐心地倾听，坦然面对指责，严肃教育孩子，而不是反驳和袒护。家长袒护自己的孩子情有可原，但于事无补。家长的袒护会给孩子造成不良影响，使孩子认为自己的错误行为是被认同的，这不利于孩子从事件中吸取教训，也加大了孩子以后继续欺负其他同学的可能性。家长的袒护和孩子的重复欺凌会给班里同学、教师留下不良的印象，不利于孩子今后的学习生活。

在事件查实后，家长应使用恰当的方式严肃教育孩子，除严肃地告诉孩子欺凌同学是极错误的行为之外，还应让孩子向被欺凌者道歉，诚恳地承认错误；要让孩子接受学校的处罚，并告诉孩子学校是按照校规校纪处理事件的，自己所承担的后果是自己的不当行为而导致的自然结果，是自己应该吸取的教训。家长还可以尝试教孩子换位思考。（例如，如果你自己是被欺负的那个人，会有怎样的感受？）

当然，不袒护不等于要加重处罚孩子。有些家长在学校处罚孩子之后，仍为孩子的不争气而生气，抑制不住自己的羞愧和愤怒，将孩子痛骂甚至暴打一顿。这种加重处罚的方式，只会成为孩子学习的坏榜样，会客观上"鼓励"孩子对同学也采取暴怒的方式来解决问题。

（三）主动承担责任并配合学校处理

作为欺凌者的家长，要主动承担责任并配合学校解决问题。一般来说，被欺凌者的家长会出现愤怒、不理解等情绪反应，被欺凌者则是痛苦的。在事件调查清楚后，欺凌者家长不能撇开责任，采取不承认或回避的态度。这样只会使被欺凌者家长更加愤怒，更不利于问题的解决。相反，欺凌者家长应坦然面对指责，主动承担责任，在与学校和教师统一处理意见后通过多种方式来弥补孩子的错误。例如，与孩子一起诚恳地向被欺凌者及其家长道歉；按照各方协商的处理意见给予被欺凌者及其家长相应的赔偿。

为平复被欺凌者及其家长的情绪，确保事件能得到妥善处理，欺凌者家长应以积极的态度主动配合学校及教师做好相应工作。欺凌者家长应积极跟进事件处理情况并主动向学校、教师及被欺凌者提供力所能及的帮助。

（四）找出孩子欺凌同学的原因

一般来说，孩子欺负同学是有原因的。当孩子欺凌了同学时，家长除了对孩子进行教育之外，还应认真考虑孩子是不是遇到了什么困扰，孩子欺凌别人的原因是什么。这些原因可能是比较容易发现的表面原因，也可能是比较难发现的深层原因，原因可能来自家庭、学校或其自身等方方面面。家长尤其应关注可能造成孩子实施欺凌的家庭原因。家庭对孩子身心发展有很大影响，家庭结构的改变（如父母分居、离异）、父母之间的冲突和矛盾、父母不恰当的教养方式、家庭经济状况的改变、孩子对父母不恰当的行为模式（如暴力行为）的模仿等都可能是造成孩子出现问题行为的深层原因。

当孩子欺凌了同学时，虽然责任不全在家长，但家长应适当反思，反思是否有可能是来自家庭的某些原因使孩子出现了较为严重的问题行为；家长还应与孩子进行深入交谈，引导孩子说出自己欺凌同学的具体原因，找到孩子欺凌同学的真正原因。简单地处理学生欺凌事件可能治标不治本，只有找到真正的原因之后，才能对症下药，从关键点着手，在多方的配合下，最终达到改变孩子错误行为模式进而防止孩子再次欺凌同学的目的。

三、作为围观者的家长

（一）让孩子不要害怕

围观者亲眼看到了被欺凌者遭受欺凌的过程，如果事件比较恶劣，被欺凌者遭受了严重的伤害，可能会使围观者感到害怕，对校园、班级产生不安全感，甚至影响孩子的人际关系。因此，如果孩子是欺凌事件的围观者，家长应注意通过交谈等方式了解孩子的感受，并安抚孩子的情绪。要让孩子不要害怕，让孩子相信学校有能力妥善处理，家长也会积极主动配合学校，要让孩子相信在学校、教师和家长的共同努力下，今后此类事件会被及早发现并制止。

（二）教育孩子不要模仿欺凌行为

围观者看到了欺凌事件的过程，可能在旁边附和、嬉笑或叫好，甚至可能被动地参与了部分欺凌的过程。家长应了解孩子在围观欺凌事件时的所作所为，并谨防孩子模仿欺凌者的欺凌行为。

围观者可能会模仿欺凌者，错误地认为欺负同学是一种"好玩""刺激"和"有快感"的行为。因此，家长要明确告诉孩子欺凌别人的行为是错误的，不应该模仿，并告诉孩子学校给予了欺凌者何种处罚，以此告诫孩子不要做出类似的行为。此外，家长还可以让孩子站在被欺凌者的角度设身处地思考欺凌别人可能带来的严重危害，进而防止某些孩子成为围观者，做出类似欺凌者的模仿行为。

（三）教会孩子以正确的方式帮助被欺凌者

围观者的欢呼、嬉笑和煽动性话语可能是对欺凌者的一种协助，会使欺凌者更嚣张、更肆无忌惮、更变本加厉。有的围观者为保护自己免受欺凌而被动地协助实施了欺凌（如拍摄、传播、放哨等），这更是直接帮助了欺凌者。家长应教育孩子不能充当这样的角色，并且告诉孩子之后再遇到此类事件时应如何应对。

具体来说，家长应教育孩子在看到有同学欺凌其他同学时：首先，不能协助欺凌者，不能在一旁欢呼、附和。其次，务必在准确判断当下情况和确保自己安全的情况下，出面阻止欺凌行为。如果自己无力阻止或害怕成为被欺凌的对象，则应通过"马上报告老师""鼓励被欺凌者将事情报告给老师"等其他途径来帮助被欺凌者。

家长还要告诉孩子：如果看到有同学欺凌其他同学，千万不要认为欺凌者会主动停止欺凌行为。欺凌者往往是把欺凌行为当作一种乐趣来实施，因此，欺凌行为不仅不会自动停止，而且还会是持续的、长期的。如果欺凌者知道围观同学不会将欺凌事件告诉教师或家长，则会在一定程度上放大其从欺凌行为中获得的"快感"，会加重欺凌事件的危害，增大以后持续发生此类欺凌事件的可能性。同时，如果围观者自身不将欺凌事件告诉教师，也可能会变成欺凌的协助者。

家长还要告诉孩子，向教师报告绝不等于自己成了"告密者"。欺凌他人不是学校、家庭、社会和任何法律、法规所能容忍的"秘密"。恰恰相反，那些行为都是违规、违法的行为，任何同学都有义务并有权利告诉教师或家长。只有尽快告诉教师或家长，才能更好地阻止欺凌行为。

第三节
营造温馨和谐的家庭氛围

学生欺凌和暴力问题重在预防，在重新认识了家庭对防治学生欺凌和暴力重要性的基础上，家长还应学会如何进一步营造温馨和谐的家庭氛围。为了营造温馨和谐的家庭氛围，家长需要做到以下几点。(1)多与孩子交流沟通。家长应学会倾听，掌握必要的亲子沟通技巧。(2)为孩子树立好榜样。家长应约束自己的行为方式和习惯，为孩子树立好榜样。(3)主动配合学校工作。家长应积极参与学校活动并与学校和教师密切合作。

一、多与孩子交流沟通

为了营造和谐的家庭氛围，建立良好的亲子关系，家长应常与孩子交流沟通。孩子难免会遇到种种烦恼和困惑，这些烦恼和困惑可能预示着孩子在学校生活中出现了自己难以解决的问题或困难，其中就可能暗含着学生欺凌和暴力问题。而家长是孩子最容易接触到的可倾诉对象，所以家长无论有多忙碌，都一定要抽时间与孩子多沟通、多谈心，询问孩子在学校、在生活中遇到的困惑和苦恼，并帮助孩子分析和处理问题。家长应养成与孩子深入沟通的好习惯，这样孩子在卷入学生欺凌和暴力事件时才可能主动地向家长诉说，家长才能及时发现问题，防止事态进一步恶化。如果孩子确实卷入了学生欺凌和暴力事件，此时家长与孩子的沟通可以起到很大的安抚、辅导和教育作用。因此，无论是对于学生欺凌和暴力问题的预防、发现还是应对来说，保持与孩子的良好交流和沟通都非常重要。

　　在与孩子进行沟通时，家长应将孩子视为独立的个体，平等地对待孩子，注意沟通时不要单方面表述自己的想法和意见，而要给孩子充分表达自己想法的机会，以此来了解孩子的所思所想，进而对症下药地解决问题，有针对性地对孩子进行引导和教育。

　　此外，家长应掌握与孩子沟通的技巧。在正式话题开始前要用一些引导谈话的技巧，让孩子敞开心扉。例如，一开始可以跟孩子谈论一些他感兴趣的话题，从孩子的角度，与他的关注点和生活环境接轨，这样才能让孩子在轻松的氛围下敞开心扉，进而使家长获得更多的有用信息，更好地对孩子进行后续的辅导和教育。

　　并且，家长在沟通过程中要注意体会孩子的感受。孩子也会有苦恼，也时常会遇到困难，孩子如果愿意向家长倾诉，就是信任家长的表现。家长不应该敷衍孩子或者认为孩子的苦恼都是小事情，更不能随意用诸如"没关系的，都是小事"等缺乏同理心的话语轻描淡写地带过，这样会使孩子感觉向家长诉说也没有用，此后可能就会拒绝与家长沟通。相反，此时家长应站在孩子的角度体会孩子的感受，并表示自己非常理解他的感受，同时表示将会与他一起想办法解决问题。

二、为孩子树立好榜样

　　在家庭中，父母的一言一行都会在孩子的内心深处留下深刻的印象，随着身心的成长，孩子会在父母言行的影响下逐渐形成自己的世界观和价值观。对孩子进行品德教育是家庭教育的重要职责。家庭品德教育没有捷径，只有一条道路可走，那就是：不靠说教，靠示范。当然，示范中也包括讲解。比如，对于日常生活规范的培养，家长一方面自己要遵守应有的规范，另一方面也要反复给孩子讲解各种规范的道理。例如，关于"爱人者，人恒爱之；敬人者，人恒敬之"，家长既要自己做到，也要给孩子讲解明白，告诉孩子一个人只有懂得尊重别人，才能受到别人尊重，只有平等待人，才能受到别人的公平对待。此外，家长还要通过自己的行为表现让孩子认识到：作为学生，分数固然重要，但品德更为重要；在班里的成绩排名固然重要，但能为全班服务、成为全班喜爱的同学更为重要。

家长应明白自己是孩子的行为榜样，且孩子的模仿行为是在不知不觉中发生的。比如，家长对社会问题的处理方式会被孩子模仿，若家长行为不当，孩子模仿的就是不当行为。家长对家庭成员、对邻里的负面情绪，会传递给孩子并可能影响孩子与同学的关系。所以，为了孩子，家长一定要约束自己的行为方式和习惯，为孩子树立好榜样。

- 为确保孩子与同学友好交往，家长就要约束自己，以防出现对待他人不友好的行为。
- 为确保孩子语言的文明，家长就要注意自己在孩子面前的语言，杜绝骂人和对人暴怒等行为的出现。
- 为确保孩子不选择暴力方式解决同学间的矛盾，家长就要约束自己不用暴力方式处理纠纷。

三、主动配合学校工作

（一）积极参与学校活动

为更好地防治学生欺凌和暴力，家长应积极参与学校举办的各类面向家长的活动，这些活动可以帮助家长掌握良好的家庭教育方式，学会与孩子沟通、交流的技巧，学会预防、应对欺凌和暴力问题的方法。

家长应多参加学校组织的家庭教育讲座之类的学习活动，学习与孩子沟通的方法和技巧。家长还应主动、积极地参与学校其他有关活动，如志愿者活动、亲子运动会、家长开放日和家庭教育调查等。通过参与这些活动，家长一方面可以有针对性地学习家庭教育的内容、方法和技巧；另一方面，能全面了解学校教育的内容安排，使家庭教育和学校教育始终保持一致的步调。家长还应通过家长委员会组织的活动，多与其他家长及班主任沟通情况、保持密切联系。

此外，家长还应积极参加学校举办的防治学生欺凌和暴力的专题培训、演练等活动，深入认识欺凌和暴力问题，并掌握相关知识和防治方法。

（二）与学校和教师密切合作

家长平时应与班主任保持密切联系，一方面有助于家长了解孩子的在校情况，及时把握孩子的动态，另一方面也有助于班主任准确掌握孩子行为、情绪的微妙变化，从而在双方的合作下及时发现可能存在的欺凌或暴力问题，并及早予以解决。同时，家长还应主动配合教师，与教师密切合作来应对学生欺凌和暴力事件。

如果家长从某些渠道获得了孩子遭受欺凌或欺凌了同学的信息，家长首先应保持冷静，因为这些信息纷杂混乱，可能被加工、改造过，可能是模糊不清、情绪化的甚至是自相矛盾的，还可能会有一些带有偏见的"蛊惑"，试图用带有强烈偏见的说法煽动家长采取与学校和教师对立的态度。家长千万不要第一时间就被不确定的信息所左右并与学校和教师对立，这将使事件变得更加复杂，甚至导致孩子受到二次伤害。家长应一方面客观、冷静地分析信息的真实性，正确区分是非曲直，另一方面则应立即联系教师，求证这些信息的准确性。

并且，家长一定要秉持家校合作才能双赢的信念，始终相信学校和教师所做的一切都是为了使孩子健康、快乐地成长，学校和家长在孩子问题上是目标高度一致的"战友"关系。在处理孩子间的欺凌事件时，家长与教师保持密切协作是最有利于迅速、妥善解决问题的。那些联合其他家长采取与学校对抗的方式、利用网络给学校和教师施加舆论压力的方式、联络新闻媒体干扰学校正常教学秩序的方式，都是错误的，都不利于问题的妥善解决。绝大多数案例表明，采取与学校对立方式的结果基本都是学校和家庭"双输"，在这个"双输"局面下，或许家长能赢得少许一时的、表面的"胜利"，但最终的结果往往是孩子在心理上受到更为惨重的、长期的反复伤害。在学生欺凌和暴力问题上，家长应切记这个要诀：家长与学校和教师"合作则双赢，对立则双输"。

第七章
如何建设无欺凌校园

　　为营造温馨和谐、积极向上的校园氛围，降低学生欺凌和暴力事件发生的概率，学校一方面要制订并完善防治学生欺凌和暴力的各项配套的规范措施，建立相应的制度机制；另一方面要加强校风、学风和教风建设，形成团结向上、互助友爱、文明和谐的健康的学校文化氛围。通过建立完善的预防制度、机制和强化正面教育，在全校师生共同努力下，建设无欺凌校园。

第一节
营造良好的学校文化氛围

"无欺凌校园"并非指在校园内完全没有欺凌萌芽和标准欺凌行为，而是指此类行为发生的概率极小，所造成的伤害极小；当发生了学生欺凌和暴力事件时，学校能积极采取措施，及时合理应对，将影响和伤害降至最小，稳定学校秩序和师生身心状态。具体而言，无欺凌校园应具备如下特点：防治学生欺凌常态化，预防处置流程制度化，欺凌行为发生小概率化，欺凌行为应对高质化，校园氛围营造和谐化。

良好的学校文化能明显抑制学生不良行为尤其是学生欺凌和暴力事件的发生。而发生学生欺凌和暴力事件较多的学校，其校风、学风和教风往往有诸多令人不满意之处。因此，努力建设健康向上的学校文化氛围，对于防止学生欺凌和暴力事件的发生具有重要意义。

教师及学校行政人员和学生的人际关系与学生欺凌行为有着密切的关系，教师及学校行政人员对学生的关心、关注越多，则学生被欺凌或被武力威胁的机会就会越少。学校的制度和纪律与学生欺凌行为也有关系，学校加强并严格执行学校纪律，将有助于防止学生欺凌和暴力事件的发生。学校在已有的制度规范之外制订的一些支持制度规范落实的规则（例如，对坚持、监督落实学校制度规范人员的表扬制度，对不坚持、不监督落实学校制度规范人员的批评制度等）也有助于预防学生欺凌和暴力事件的发生。

一、完善学校规章制度

学校建立一套完善的规章制度，特别是建立一整套针对学生欺凌和暴力的制度规范，有助于降低学生欺凌和暴力事件发生的概率，形成良好的学校文化氛围。这些规章制度中，除了防治学生欺凌和暴力的教育制度、早期发现机制、应急处置机制、善后辅导制度等外，还应该有包含"对学生欺凌说'不'""不做欺凌者""不当旁观者""帮助遭受欺凌的同学"等在内的学生行为规范和要求。

在建立健全学校各种规章制度的基础上，学校可发动教师和学生通过反复讨论，制定适合本校的"反欺凌公约"。在公约中，学校一方面要表明反对学生欺凌和暴力的坚定态度，另一方面要表明反欺凌是全体教职工和学生的共同责任，全校师生均有义务以实际行动加入到反欺凌活动中来。

根据需要，学校可在校园网站专门开设"预防欺凌和暴力"专栏，通过宣传相关法律法规、校规校纪、典型案例分析、自我保护方法等提高师生对学生欺凌和暴力危害性的认识，鼓励学生及早发现欺凌现象的苗头，并学会正确处理同学间的矛盾。

有些硬件设施条件较好的学校，除厕所和宿舍外其他地方都安装了监控摄像设备，但绝大多数学校的监控摄像只用于留存证据，而没有用于实时监控。即便实施实时监控的学校，对于一些较为隐蔽的欺凌行为，教师也缺乏明确的预判规则和方法。这些都是造成学生欺凌事件发生而不易被教师发现的重要因素。在校园设施方面，要充分利用现代技术手段加强对操场、教室、走廊或楼梯间等易发生学生欺凌事件的地方的监控。对不宜使用设备监控的地方（如厕所和宿舍），则要制定完善的规章制度，并监督落实。必要时，可组织教职工对上述地点施行定时巡查。

寄宿学校的宿舍可能发生学生欺凌事件的原因是，宿舍管理制度不健全或制度实施和落实不严格，给欺凌者以可乘之机。有的被欺凌学生长期被禁止使用热水；有的宿舍需要学生用暖壶打热水回房间洗脚，而一个宿舍中天天只有特定的一个学生负责给全宿舍的同学打热水；有的宿舍每天由一名特定的学生负责给全宿舍的同学刷碗；还有的宿舍常出现一名特定的学生被迫给其他同学到小卖部买大量零食等现象。在这些学校的宿舍管理制度中可能缺少"自己的事情自己做""不得强迫同学为自己和别人做他不情愿做的事"之类的规定，或者即使有相关规定，也没有教师严格监督执行这些规定，因而易导致学生欺凌事件的发生。

在农村地区的学校，更要对上述易发生学生欺凌和暴力事件的场所加强巡查，同时教育学生协助监控。有条件的学校可对校园进行精致化布置，把容易发生学生欺凌事件的"死角"变成学生愿意进行友好交流、交往的"热地"。

学生欺凌和暴力事件发生概率较高的学校应设立举报咨询热线电话或举报信箱，同时积极与心理和卫生机构联系交流，以加强防范。此类学校还应制订更加具体可行的校规校纪，赋予教师更为明确的正当的教育惩罚权力。在预防学生欺凌的制度建设方面，有经验的学校在学校和班级两个层面都制定了详细的学生日常管理规则、引导学生正常交往措施、心理干预实施方案等方面的制度。

二、建设良好的教师文化

自古就有"教书育人，为人师表"的表述。"其身正，不令而行；其身不正，虽令不从。"建设良好的教师文化，形成良好的师德师风，塑造良好的教师形象对构建阳光、安全的校园有积极作用。教师工作有示范性，而学生也有其特有的"向师性"，这就使得教师在学生心目中占有非常重要的位置。教师的理想信念、道德情操、行为规范甚至一言一行都会直接影响学生的健康成长，因为学生总是把教师看作学习、模仿的对象。

教师要从每件小事做起，从自我做起，率先垂范，做出表率，以高尚的人格感染学生，以整洁的仪表影响学生，以和蔼的态度对待学生，以丰富的学识引导学生，以博大的胸怀爱护学生。只有这样，才能保证教书育人的实效，学生才会"亲其师""信其道"，进而"乐其道"。

同时，教师要关爱每一个学生，要无私地把爱撒向每一个学生，平等地对待每一个学生，了解他们特有的情感世界，懂得他们失败的痛苦和成功的喜悦，让他们在学习过程中时时体验到教师对他们的关怀，时时感受到教师对他们的肯定，从而体验到学习的成功和快乐。

学校应通过完善相关制度规范及加强相关教育活动，使师生间的关系更加和谐。学校还要制定更加明确、细致的规章制度和行为规范，并通过各种方式严加落实，形成有利于减小和消除学生欺凌和暴力事件发生可能性的良好的学校文化氛围。全校教职工都要对学生欺凌和暴力有以下基本认识。

- 要熟悉关于防治学生欺凌和暴力的相关政策法规。
- 要了解学生欺凌的性质、特点、类型和危害。
- 要掌握预防及应对学生欺凌和暴力的基本技能、方法。

此外，还应组织教职工讨论以下情境性问题。

- 假设学生向你报告说他目睹了欺凌事件的发生，你如何处理？
- 当学生向你报告说他正在或曾经被欺凌时，你如何处理？
- 当你遇到有学生正在欺凌同学时，你如何处理？
- 当有家长向你报告说他的孩子受到同学欺凌时，你如何处理？

许多案例表明，某些被欺凌的学生之所以最终走向自杀的绝路，与相关教师的冷漠不无关系。例如，有位初二学生曾多次向教师反映他受到同学的欺凌，但教师总是让他多从自身找原因，要"与同学搞好关系"。后来该学生开始逃学。被送回学校后，教师还严肃地批评了他，最终这名学生跳楼自杀。

因此，学校全体教职工都要树立"自己的学校不允许发生学生欺凌和暴力事件"的观念，做到以下几点。

- 落实学生欺凌和暴力防范措施，协助监督、检查落实情况，人人有责。
- 早期发现学生欺凌和暴力苗头，人人有责。
- 及时干预、制止或向有关部门准确报告正在发生的学生欺凌和暴力事件，人人有责。
- 妥善安抚当事学生及其家长，妥善辅导、教育围观学生，人人有责。

三、积极开展家校合作

家庭教育是学校教育的基础，学校教育是家庭教育的补充。学校教育和家庭教育相辅相成，二者在教育学生成才的目标上是一致的。因而加强学校与家庭的沟通，整合家庭和学校教育资源，形成教育合力，对于学生的健康成长至关重要，对于防治学生欺凌和暴力有积极作用。

学校可以让班主任、心理教师对学生家庭进行走访调查，在互相了解的基础上，有针对性地向家长宣传预防学生欺凌和暴力的方法，就"反学生欺凌"达成共识，形成对学生欺凌行为的"零容忍"态度。

学校要建立家校、师生、亲子间的对话协商治理机制。在家校合作的过程中，有必要形成"通知—反馈"的双向沟通机制，将家庭和学校纳入同一系统中。在家校沟通中，学校教师通知家长，家长将有效信息反馈给学校，以此形成动态、良性的沟通循环。这既有利于家长了解孩子的在校表现和学业水平，也有利于学校教师掌握学生在家的状态，共同为学生创造优质的文化环境。

学校还要与家长委员会合作，组织家长参加有关防治学生欺凌和暴力的知识技术培训活动，提升家长群体对学生欺凌和暴力问题的认识水平，在防治学生欺凌和暴力上形成一定的合作共识。必要时也可组织家长讨论以下情境性问题。

- 当你的孩子被同学欺凌时应采取怎样的态度和方式来处理？
- 当你的孩子欺凌同学时应采取怎样的态度和方式来处理？
- 当你的孩子围观学生欺凌时应采取怎样的态度和方式来处理？
- 当网上或微信群里出现与自己的孩子有关的欺凌视频或文字时应采取怎样的态度和方式来处理？

父母是孩子的第一任老师，也是孩子终身学习的榜样，应充分发挥家庭教育的正面作用，加强家庭教育。作为家长，要注重家风建设和中国传统美德的熏陶，通过言传身教，潜移默化地塑造学生的健全人格和高尚品格，使学生自立、自强、自信。

四、创建健康的校园生活

学校要通过各种正面教育活动，增进学生之间的友谊，树立不欺凌、不围观的基本观念。

第一，充分发挥学校共青团、少先队的组织功能，组织学生开展丰富多彩的课余活动，在活动中增进学生之间的了解和友情。

第二，充分发挥学校社团的活动功能，多开展健康的文艺体育活动和实践学习活动，培养学生的交往能力和组织能力。

第三，加强法治规范教育，培养学生的法治意识和规范意识。用诸如列举正反两方面案例的方式，教育学生认识社会规范的重要意义，要求学生遵守《中小学生守则（2015 年修订）》和相关行为规范。

第四，加强青春期学生的心理健康教育，教育学生正确认识自我、认识他人、认识异性、认识集体，学会做人、学会共处，学会承担责任，学会帮助别人。

第五，加强媒介信息素养教育，使学生学会收集信息和辨别信息，学会倾听，学会表达，学会讨论。

学校还要通过教职工培训、家长培训和其他相关人员的培训活动，使这些与学生有着密切接触关系、易被学生模仿的成年人群体不断提高自身修养，给学生做出好的榜样。引导他们树立"个体差异客观存在，人人享有平等权利"的基本价值观，平等友善地对待每一名学生的个性、长相及言行，态度鲜明地为任何一名遭受欺凌的学生提供保护和支持。

第二节
建设友善班级

　　班内每个学生的个性特点、家庭背景等情况往往差异很大。绝大多数学生在很大程度上是从班级生活中学会与人相处的知识和技能的。因此，只有良好的班级文化氛围才不会给欺凌留下滋生的土壤，才能有效地预防学生欺凌事件的发生。调查表明，欺凌者通常对班级文化的感知是负面的。也就是说，如果班级不能给每一位学生以温暖、安全、团结和友善的感受，那么就不利于学生欺凌事件的预防。

　　"友善班级"是指一个以团结、平等、师生间互敬互爱为常态的和谐集体。友善班级并非指学生间完全没有冲突或矛盾，而是此类冲突和矛盾发生的概率极小；当学生之间发生冲突和矛盾后，学生双方可在教师引导下心平气和地沟通与交流，遵照集体制订的班规妥善解决，教师有能力将冲突和矛盾妥善转化成为凝聚班集体的动力和教育契机。因此，在友善班级中，教师和学生能平和化解冲突和矛盾，不会让其升级为学生欺凌事件。

　　在友善班级建设过程中，学校和班主任要始终把握并协调好友善班级建设的目标、特征和内容。友善班级建设的目标是建设一种理想的班集体形态，在这样的集体中，每个学生都能获得身心成长和个性发展。同时，集体成员可以通过各种集体活动建立良好的人际关系，每个学生的自主性和实践能力可在集体活动中得到培养。友善班级建设的基本特征和内容主要由三方面构成。一是重视集体性活动，使每个学生通过集体活动充分理解自尊和尊重他人的重要意义。二是重视自主性活动，班级活动丰富多彩，让每个学生都有充分展现自己才能的机会。三是重视实践性活动，通过丰富而快乐的实践活动，每个学生的智慧和体能都能得到发展，并理解与人合作的重要意义，体验到帮助他人和被同学帮助的快乐。这样的友善班级，是学校预防学生欺凌和暴力事件发生最重要的基础。

一、树立良好班风

班风是班集体形成的重要标志。良好的班风不仅能够激发学生的学习积极性，而且能增进学生之间团结友爱的情谊。

班主任要特别重视班集体建设。通过设置班集体建设目标，发动全班学生开展系列班级活动，树立积极进取的良好班风。选好班长和其他班委，建立班主任、任课教师和全班学生之间的密切关系。通过开展各种班级活动、教室空间布置和社会实践活动，建设团结向上、荣誉感强的班集体，进而形成互助友爱的班风。

班主任应带领全班学生经常开展旨在增强学生"包容、尊重、欣赏"意识的班级教育活动，使学生充分认识到对同学的"排斥、嫉妒、侮辱"是一件令人羞愧的事情。要让学生充分了解到，与同学相处时因他人弱小或不同而做出排斥、不尊重的行为，甚至用言语或行为加以侮辱都是不道德的，严重的还可能是违法的；而违法就等于犯罪，就要承担法律责任。

教室的文化环境布置也是建设良好班风的重要环节。教室内的装饰和布置要给学生以整洁、美观、温馨和清爽的感受。庄严的国旗、严肃的校训、醒目的班规，时刻提醒着学生要增强自己的规范意识；整齐的桌椅、明净的窗户、得体的墙饰，让学生感受到自己生活在一个安全而有秩序的集体中；学生艺术作品的展示、作业及通知、表彰专栏的设置等，让学生感受到这就是自己生活于其中的坚强集体和温馨家园。从预防学生欺凌和暴力的角度来说，在班风建设方面，应突出强调以下几点。

第一，引导学生树立正确的价值观。通过榜样示范、以身作则和直接强化等方式向学生传达正义、理性、友善等正向情感和态度，肯定学生的正向行为。尤其要重视引导学生尊重个体差异，让学生明白家庭背景和成长环境的不同会导致个体差异。身心发展、外貌特征、人格特质、学习能力和智力水平不同的学生都享有同样的权利，都应受到公平对待。

第二，教会学生情绪管理。处于青春期的学生情绪往往不稳定，过多的负面情绪或激烈的情绪波动可能会导致学生欺凌和暴力事件的发生。小学高年级和中学阶段的学生，正值生理快速发育期，课业压力大，同学之间交往易出现矛盾，情绪相对不稳定，容易意气用事。教师应利用好日常教育契机（如班会课、心理健康课、主题教育活动等），指导学生进行合理的情绪调控，并提供适合学生的活动来丰富其课余生活，从而疏导其不良情绪。

第三，建立良好的师生关系。建立良好的师生关系是学生愿意将心中的困惑和所遭遇的困境告知教师的前提，也是教师预防和及早发现学生欺凌和暴力事件发生的有效方式。当学生将所遭遇的困扰告知教师时，教师的倾听策略非常重要。教师在倾听时可配合使用引导性语言和肢体语言，让学生感到自己被重视和关怀。除倾听策略外，教师有效介入和处理问题的能力也是建立良好师生关系的关键。教师遇事不推脱、不逃避责任，勇于承担责任，最终解决问题，才会使学生逐渐建立起对教师的信任感。此外，教师还要注意为学生保密，既要注意保护学生隐私，也要避免学生被称为"告密者"或遭到报复。

第四，坚定反欺凌和暴力的决心。教师从进入新班级的第一天起，就需要明确表明自己反欺凌和暴力的决心，积极构建和谐的班级氛围，教导学生如何处理好同学之间的关系，让班上的每个学生都了解欺凌和暴力的严重后果及相关政策，使他们明白欺凌和暴力行为不仅伤人伤己，情节严重时更需承担民事与刑事责任。

二、集体制订班规

班规是全班学生必须共同遵守的基本规则。班规不像校规那样面面俱到，但比校规更具体、更严格。一般的班规多从维护学习秩序的角度来考虑。鉴于学生欺凌的特殊性，班主任在制订班规时，还要增加与学生欺凌相关的条文，完善相关班规的制订程序，并确保班规得以落实。

首先，要增加尊重和公平类的条文。例如，"尊重他人的个性，不随便触碰他人物品""公平对待他人，不得排斥同学"等。

其次，要完善班规的制订程序。例如，利用主题班会等形式，发动全班学生讨论以建设友善班级为目的的班规条文，可以"要建设无欺凌班级，每人应该怎样做？"为题展开讨论。通过讨论，尽可能采纳学生们好的想法，尽可能使班规的表述简单易懂，并尽可能使每一条班规都获得全班学生的一致同意。

班规的条数不能太多，每条文字不能太多。年级越低，班规条数和每条字数应越少。一般来说，班规以 5～10 条为宜，每条字数宜控制在 20 字以内。有关学生欺凌预防的班规条文可以用如下形式来表述。

> 1. 公平相待，友善共进，不嘲笑、不谩骂同学。
> 2. 小组集体活动时，不排斥同学参加。
> 3. 看见有人被欺凌时，要勇于制止或立刻报告教师。
> 4. 不当欺凌者，也不当围观者。

必要时，比如班里发生了欺凌事件，班主任应组织全班学生认真讨论欺凌事件的危害，让每个学生都说出自己对欺凌事件的想法。最后在概括大家想法的基础上形成一份班级"反欺凌公约"。"反欺凌公约"条文应包含以下基本内容。

> 1. 我绝不欺凌他人。
> 2. 我要帮助被欺凌的同学。
> 3. 我要及时报告知道或看见的欺凌行为。

在"反欺凌公约"上，全班学生都要签名。也可以将"反欺凌公约"制作成海报，张贴在教室的宣传栏上。

三、建设友善、和谐的班集体

友善、和谐的班集体是教师和学生共同向往的，也是班级应有的状态，全体师生应共同为之努力。

良好的班级舆论导向有利于形成和谐的班级氛围，为班级创造良好的学习环境。班主任应在日常的教育教学中引导学生多传播积极向上的信息，弘扬中华优秀文化，不轻信、不传播谣言，不诋毁他人，不辱骂他人。如果班级中有个别学生以恶语伤人，教师要立即制止并对其进行严肃教育。

班级文化建设也引导着班级舆论，班级的精神文化是班级文化的核心和灵魂。它对于班级成员的价值观念、价值判断和价值取向、道德标准、行为方式等的认同尤为重要，是班级文化建设的进一步要求。班主任和全体学生可以共同设计班级的班徽、班名、班旗等文化标识，凝聚全体学生，共同为班级贡献力量，形成班级凝聚力和向心力。班主任还要在班级文化环境布置上多下功夫，可利用板报、宣传栏、文化角等区域有针对性地宣传反欺凌和暴力的相关内容，传播自我保护和人际交往等知识。

班干部是班主任与学生沟通的桥梁，是班主任的得力助手，起到反映学生的建议、意见和要求，传达教师教学意图，促进学生之间、师生之间团结的重要作用。班级在公平公开选举出班干部后，要从一开始就让班干部树立"为同学服务"的意识，使班干部有工作的责任心和使命感，激发出他们的工作热情，真正发挥"火车头"的作用。不要让班干部在工作中滋生特权思想，认为自己高人一等，其他同学就得受自己管，必须绝对服从，更不能让班干部利用自己的"权力"去欺凌其他同学。

主题班会是建设友善班级的重要途径之一。在主题班会上，学生们可以畅所欲言，谈谈自己对学生欺凌和暴力的认识。通过主题班会的形式，学生能在教师的引导下加深对学生欺凌和暴力的认识，提高预防学生欺凌和暴力的能力。主题班会的主题可以从认知类、反省类、主张类三大类班会中选择。

1. 认知类主题

如：

- 学生欺凌有哪些危害？
- 对于学生欺凌和暴力事件，网上跟帖都写了什么？
- 对于某个学生欺凌事件，同学、家长、教师、记者、专家等有什么看法？

2. 反省类主题

如：

- 我们学校有没有发生学生欺凌事件（现象）？
- 我们班里有没有发生学生欺凌事件（现象）？
- 对于学生欺凌事件，我的感受和想法是什么？
- 如果遇到了学生欺凌事件，我该怎么办？

3. 主张类主题

如：

- 对于学生欺凌和暴力，我们学校应该做什么和怎样做？
- 对于学生欺凌和暴力，我们班里应该做什么和怎样做？
- 对于学生欺凌和暴力，我应该做什么和怎样做？
- 我们怎样做才能远离学生欺凌和暴力？
- 我们应该怎样制止欺凌者的欺凌行为和施暴者的暴力行为？
- 我们应该怎样帮助学生欺凌和暴力的受害者？

主题班会除了可以在教室里讨论上述问题外，还可以组织主题游戏和角色扮演活动，通过活动使学生深化对上述各个主题内容的情感体验。比如，可以组织以"自尊与尊重""合作与妥协""如果我是他""不当围观者""对欺凌说不"等为主题的游戏活动。

第三节
专题教育与学科渗透

中小学生，特别是处于青春期的中小学生，在成长过程中总会面对各种诱惑，受到各种因素的影响，例如家庭的影响、成人社会的影响、老师和同学的影响、网络信息的影响，以及金钱、物质乃至毒品等的诱惑。未成年人对这些外界影响因素和诱惑缺乏足够的知识与经验，往往难以对善恶进行判断和分辨，并因此影响自己的想法和行为，导致欺凌和暴力等不良行为的发生。针对这种情况，除了进一步加强德育等正面教育外，学校有针对性地进行相关内容的专题教育并在各学科中加以渗透也是非常必要的。

一、加强相关专题教育

道德教育。重点在于加强理想信念教育和社会主义核心价值观教育。要认真贯彻落实《中小学生守则（2015年修订）》《关于进一步加强和改进未成年人思想道德建设的若干意见》等文件，对学生进行道德教育，弘扬中华民族传统美德。尤其要重视对学生进行集体主义和社会公德教育，引导学生团结友爱、不恃强凌弱；同时加强网络道德教育，帮助学生了解网络行为规范，严防通过网络途径散播谣言或侮辱他人人格等行为的出现。

道德教育侧重从正面教育学生认识自我、认识集体、认识社会，认识并体验什么是自尊、什么是尊重，怎样帮助他人、怎样获得他人的帮助等人与人之间的相处和合作关系。认识自我，主要指认识自己的优缺点和兴趣爱好，并接纳自我；学会控制自己的情绪，学会抑制冲动或不良情绪等。认识集体，主要指认识自我作为集体中一员的义务和责任，学会在集体生活中的人际交往，认识在交往过程中建立的道德规范，学会关心他人，尊重并包容个性差异。认识社会，主要指学会适应社会环境，主动融入社会；学会适应社会生活，形成健康的生活方式；学会适应社会变化，积极主动应对。

法治教育。重点在于加强中小学生法治观念和相关法律知识教育，提升法治意识、法律意识和公民意识。要认真贯彻落实《中小学法制教育指导纲要》《青少年法治教育大纲》《中小学公共安全教育指导纲要》等文件，让学生知晓基本的法律边界和行为底线，消除未成年人违法犯罪不需要承担任何责任的错误认识，养成遵规守法的良好行为习惯。

教师要恰当利用教育契机重点讲解《中华人民共和国刑法》《中华人民共和国民法通则》《中华人民共和国教育法》《中华人民共和国义务教育法》《中华人民共和国未成年人保护法》《中华人民共和国预防未成年人犯罪法》《学生伤害事故处理办法》等法律法规中有关教师和学生责权的规定。学校还可以邀请公安部门和司法部门有关人员到校开展法治教育。

心理健康教育。重点在于提高学生的心理素质，培养学生乐观、向上的心理品质，促进学生人格的健全发展。要认真贯彻落实《中小学心理健康教育指导纲要（2012 年修订）》和《中华人民共和国精神卫生法》等文件，各级各类学校需配备或聘请心理教师、辅导人员，设立心理健康咨询和辅导室，对学生进行心理健康教育，培养学生健全的人格和积极的心理品质，对有心理困扰或心理问题的学生开展科学有效的心理辅导，提高其心理健康水平。尤其要重视帮助学生调控情绪、表达情感、积极主动融入社会、建立良好的人际关系，对易暴躁、易愤怒和有暴力倾向的学生进行有针对性的辅导。

二、加强各学科渗透

学校的各门学科教学都应也都可以主动渗透预防学生欺凌和暴力的教育

内容。

任何学科的教师都应明确：教师的职责不仅是教书，而且更要育人；不仅要重视知识学习，而且更要重视人格培养。

中小学的学科类课程包括人文类课程、科学类课程和体育艺术类课程，这些课程中都可以找到渗透预防学生欺凌和暴力的知识与技能的联系点及实践体验机会。

人文类课程主要指语文、历史、地理和英语等课程。各科教师在教学中首先要做到"以身作则，行为示范"。在教学过程中，应充分挖掘人文学科中的人文关怀、社会伦理内涵，激发学生的社会责任感和社会公德意识。

科学类课程主要包括数学、物理、化学和生物等课程。各科教师在教学中要在揭示科学发展规律和人类对客观物质世界的认识规律中培养学生热爱科学、勇于探究、追求真理、实事求是的科学精神和态度，理解人与科学、技术、社会、环境的关系，养成人与自然和谐相处的生活态度，增强社会责任感。

体育艺术类课程主要包括体育、音乐、美术等课程。各科教师在教学中要重点加强对学生健康体魄、意志品质和审美情趣的培养。引导学生将旺盛的精力投入体育运动和艺术创作中，教育学生做一名阳光青少年，懂得维护集体荣誉，保护同伴不受他人欺凌。

各科教师在教学和教育实践活动中，要特别重视生命教育内容的渗透。生命教育的根本目的，是教育学生认识生命、珍惜生命、尊重生命、热爱生命，提高生存技能，提升生命质量。生命教育还要让学生懂得"我与自然、我与他人、我与社会"的关系，从而体会到自己与自然、他人、社会建立良好、和谐关系的重要意义，掌握自我接纳、与自然相处、与他人相处、与社会相处的生存知识和技能。实施生命教育，要特别重视体验式学习方式。中小学生通过体验式学习才能更深刻地认识到生命的价值。通过各种活动、游戏和社会实践等体验式学习，学生能体会到生命的快乐、同情、愤怒和痛苦等感受。教师在开展生命教育的过程中，应从个体发展和人类发展高度把握教育目标和内容，选取贴近学生生活经验的案例，让学生通过体验性活动对生命产生敬畏感。在教育活动中，还要让学生体验他人在某种情境下的需要，从而能与他人更好地共情和互动，更加珍惜生命。

各科教师在教学和实践活动中，要做到尊重学生的个性和尊严，维护良好的师生关系。在课堂中适时地利用各种机会、从各种角度教育学生懂得以下基本道理：

要认识到学生之间性格和个性有别，兴趣和爱好各异，长处和短处不同，信念和理想不一。对这些不同，你可以不赞同，但必须抱以尊重、包容和体谅的态度。

要认识到每个学生都有权利做他想要做的合情、合理和合法的事情，有权利发表个人的看法和观点，有权利不受他人的侵害，有权利说出自己内心的想法；每个学生都不愿意被欺负、被戏弄、被辱骂、被殴打、被伤害；所有的教师和家长都不希望有学生涉入欺凌事件，都不希望有学生欺凌别人，都不希望有学生被欺凌。

在对待学生欺凌和暴力问题上，学校和教师都要向学生表现出反对欺凌和暴力以及坚决保护学生不受欺凌和暴力威胁的明确态度。建设安全、健康的校园，建设友善、和谐的班集体是中小学教师义不容辞的责任，也是预防学生欺凌和暴力的基础性、根本性的举措。

参 考 文 献

布劳维特, 2006. 学校安全工作指南 [M]. 周海涛, 李永贤, 译. 重庆: 重庆大学出版社.

BEANE A L, 2008. 无暴力校园教师工作手册 [M]. 林凯华, 译. 台北: 稻田出版有限公司.

蔡德辉, 杨士隆, 2002. 青少年暴力行为原因、类型与对策 [M]. 台北: 五南图书出版股份有限公司.

COON K, 2006. 校园欺侮与骚扰: 给教育者的法律指导 [M]. 万赟, 译. 北京: 中国轻工业出版社.

HESTER J P, 2006. 应对校园暴力: 学校安全信息指南 [M]. 邵常盈, 吕春辉, 译. 北京: 中国轻工业出版社.

劳凯声, 2004. 中小学学生伤害事故及责任归结问题研究 [J]. 北京师范大学学报 (社会科学版) (2): 75-83.

李涛泽, 2005. 校园暴力犯罪与非法入侵防范及应急处理预案实务全书 [M]. 长春: 吉林音像出版社.

林进材, 林香河, 2011. 反霸凌完全手册: 案例与策略 [M]. 台北: 五南图书出版股份有限公司.

南琦, 2011. 向霸凌 Say NO!: 认识→对付→走出霸凌的校园暴力防治三部曲 [M]. 台北: 远流出版事业股份有限公司.

O'MOORE M, MINTON S J, 2007. 无霸凌校园: 给学校、教师和家长的指导手册 [M]. 李淑贞, 译. 台北: 五南图书出版股份有限公司.

莎舒, 1995. 校园暴力: 别让孩子成为沉默的受害者 [M]. 柯清心, 译. 台北: 远流出版事业股份有限公司.

宋雁慧, 2013. 中学校园暴力及其防治研究 [M]. 北京: 北京师范大学出版社.

台湾地区教育事务主管部门, 2012-12-19. 教育大事年表 [EB/OL]. [2016-10-15]. http://history. moe. gov. tw/milestone. asp? YearStart=&MonthStart=&YearEnd=&MonthEnd=&Keyword=%B1%D0%A8%7C%B0%F2%A5%BB%AAk&x=0&y=0&show=1.

WINSLADE J, WILLIAMS M, 2014. 打造一个没有霸凌的学校环境: 叙事取向修复式正义 [M]. 陈信昭, 等译. 台北: 心理出版社.

徐久生, 2004. 校园暴力研究 [M]. 北京: 中国方正出版社.

徐燕, 2009. 浅谈家庭教养方式、家庭氛围对青少年成长的影响 [J]. 管理观察 (18): 224-226.

姚建龙, 2003. 长大成人: 少年司法制度的建构 [M]. 北京: 中国人民公安大学出版社.

张文新，2002. 中小学生欺负/受欺负的普遍性与基本特点 ［J］. 心理学报，34（4）：387-394.

张文娟，马晓春，2016. 青少年早期欺负参与角色的基本特点及其与同伴网络的关系 ［J］. 教育科学研究（2）：38-43.

日本文部科学省，2013-06-28. いじめ防止対策推進法の公布について ［EB/OL］. ［2016-10-12］. www. mext. go. jp/a_ menu/shotou/seitoshidou/1337219. htm.

日本文部科学省，2015-06-17. いじめの定義の変遷 ［EB/OL］. ［2016-10-12］. http：//www. mext. go. jp/component/a_ menu/education/detail/_ _ icsFiles/afieldfile/2015/06/17/1302904_ 001. pdf.

AHMAD Y, SMITH P K, 1990. Behavioral measures：bullying in schools ［J］. Newsletter of association for child psychology and psychiatry（12）：26-27.

OLWEUS D, 1993. Bullying at school：What we know and what can we do ［M］. Malden, MA：Blackwell.

OLWEUS D, 2003. A profile of bullying at school ［J］. Educational leadership, 60（6）：12-17.

RIGBY K , SLEE P T, 1991. Bullying among Australian school children：reported behavior and attitudes toward victims ［J］. Journal of social psychology, 131：615-627.

SALMIVALLI C, LAGERSPETZ K, kaj Björkqvist Karin Österman & Kaukiainen A. 1996. Bullying as a group process：Participant roles and their relations to social status within the group ［J］. Aggressive behavior（22）：1-15.

SALMIVALLI C, 2010. Bullying and the peer group：A review ［J］. Aggression and violent behavior, 15：112-120.

SMITH P K, COWIE H, OLAFSSON R F & LIEFOOGHE A P, 2002. Definitions of bullying：A comparison of terms used, and age and gender differences, in a Fourteen-Country international comparison ［J］. Child development, 73：1119-1133.

SMITH P K, ANANIADOU K, 2003. The nature of school bullying and the effectiveness of school-based interventions ［J］. Journal of applied psychoanalytic studies, 5（2）：189-209.

United Nations Educational, Scientific and Cultural Organization, 2017-01-31. School violence and bullying：global status report ［R/OL］. ［2018-01-31］. http：//unesdoc. unesco. org/images/0024/002469/246970e. pdf.

附　　录

教基一〔2016〕6 号

教育部等九部门关于防治中小学生欺凌和暴力的指导意见

各省、自治区、直辖市教育厅（教委）、综治办、高级人民法院、人民检察院、公安厅（局）、民政厅（局）、司法厅（局）、团委、妇联，新疆生产建设兵团教育局、综治办、人民法院、人民检察院、公安局、民政局、司法局、团委、妇联：

在党中央、国务院的正确领导下，在各级党委政府及教育、综治、公安、司法等有关部门和共青团、妇联等群团组织的共同努力下，发生在中小学生之间的欺凌和暴力事件得到遏制，预防青少年违法犯罪工作取得明显成效。但是，由于在落实主体责任、健全制度措施、实施教育惩戒、形成工作合力等方面还存在薄弱环节，少数地方学生之间欺凌和暴力问题仍时有发生，损害了学生身心健康，造成了不良社会影响。为全面贯彻党的教育方针，落实立德树人根本任务，切实防治学生欺凌和暴力事件的发生，现提出如下指导意见。

一、积极有效预防学生欺凌和暴力

1. 切实加强中小学生思想道德教育、法治教育和心理健康教育。各地要紧密联系中小学生的思想实际，积极培育和践行社会主义核心价值观。落实《中小学生守则（2015 年修订）》，引导全体中小学生从小知礼仪、明是非、守规矩，做到珍爱生命、尊重他人、团结友善、不恃强凌弱，弘扬公序良俗、传承中华美德。落实《中小学法制教育指导纲要》、《青少年法治教育大纲》，开展"法治进校园"全国巡讲活动，让学生知晓基本的法律边界和行为底线，消除未成年人违法犯罪不需要承担任何责任的错误认识，养成遵规守法的良好行为习惯。落实《中小学心理健康教育指导纲要（2012年修订）》，培养学生健全人格和积极心理品质，对有心理困扰或心理问题的学生开展科学有效的心理辅导，提高其心理健康水平。切实加强家庭教育，家长要注重家风建设，加强对孩子的管教，注重孩子思想品德教育和良好行为习惯培养，从源头上预防学生欺凌和暴力行为发生。

2. 认真开展预防欺凌和暴力专题教育。各地要在专项整治的基础上，结合典型案例，集中开展预防学生欺凌和暴力专题教育。要强化学生校规校纪教育，通过课堂教学、专题讲座、班团队会、主题活动、编发手册、参观实践等多种形式，提高学生对欺凌和暴力行为严重危害性的认识，增强自我保护意识和能力，自觉遵守校规校纪，做到不实施欺凌和暴力行为。研制学校防治学生欺凌和暴力的指导手册，全面加强教职工特别是班主任专题培训，提高教职工有效防治学生欺凌和暴力的责任意识和能力水平。要通过家访、家长会、家长学校等途径，帮助家长了解防治学生欺凌和暴力知识，增强监护责任意识，提高防治能力。要加强中小学生违法犯罪预防综合基地和人才建设，为开展防治学生欺凌和暴力专题教育提供支持和帮助。

3. 严格学校日常安全管理。中小学校要制定防治学生欺凌和暴力工作制度，将其纳入学校安全工作统筹考虑，健全应急处置预案，建立早期预警、事中处理及事后干预等机制。要加强师生联系，密切家校沟通，及时掌握学生思想情绪和同学关系状况，特别要关注学生有无学习成绩突然下滑、精神恍惚、情绪反常、无故旷课等异常表现及产生的原因，对可能的欺凌和暴力行为做到早发现、早预防、早控制。严格落实值班、巡查制度，禁止学生携带管制刀具等危险物品进入学校，针对重点学生、重点区域、重点时段开展防治工作。对发现的欺凌和暴力事件线索和苗头要认真核实、准确研判，对早期发现的轻微欺凌事件，实施必要的教育、惩戒。

4. 强化学校周边综合治理。各级综治组织要加大新形势下群防群治工作力度，实现人防物防技防在基层综治中心的深度融合，动员社会各方面力量做好校园周边地区安全防范工作。要依托全国社会治安综合治理信息系统，整合各有关部门信息资源，发挥青少年犯罪信息数据库作用，加强对重点青少年群体的动态研判。进一步加强校园及周边地区社会治安防控体系建设，作为公共安全视频监控建设联网应用示范工作的重要内容，推进校园及周边地区公共安全视频监控系统全覆盖，加大视频图像集成应用力度，实现对青少年违法犯罪活动的预测预警、实时监控、轨迹追踪及动态管控。把学校周边作为社会治安重点地区排查整治工作的重点，加强组织部署和检查考核。要对中小学生欺凌和暴力问题突出的地区和单位，根据《中共中央办公厅 国务院办公厅关于印发〈健全落实社会治安综合治理领导责任制规定〉的通知》要求，通过通报、约谈、挂牌督办、实施一票否决权制等方式进行综治领导责任督导和追究。公安机关要在治安情况复杂、问题较多的学校周边设置警务室或治安岗亭，密切与学校的沟通协作，积极配合学校排查发现学生欺凌和暴力隐患苗头，并及时预防处置。要加强学生上下学重要时段、学生途经重点路段的巡逻防控和治安盘查，对发现的苗头性、倾向性欺凌和暴力问题，要采取相应防范措施并通知学校和家长，及时干预，震慑犯罪。

二、依法依规处置学生欺凌和暴力事件

5. 保护遭受欺凌和暴力学生身心安全。各地要建立中小学生欺凌和暴力事件及时报告制度，一旦发现学生遭受欺凌和暴力，学校和家长要及时相互通知，对严重的欺凌和暴力事件，要向上级教育主管部门报告，并迅速联络公安机关介入处置。报告时相关人员有义务保护未成年人合法权益，学校、家长、公安机关及媒体应保护遭受欺凌和暴力学生以及知情学生的身心安全，严格保护学生隐私，防止泄露有关学生个人及其家庭的信息。特别要防止网络传播等因素导致事态蔓延，造成恶劣社会影响，使受害学生再次受到伤害。

6. 强化教育惩戒威慑作用。对实施欺凌和暴力的中小学生必须依法依规采取适当的矫治措施予以教育惩戒，既做到真情关爱、真诚帮助，力促学生内心感化、行为转化，又充分发挥教育惩戒措施的威慑作用。对实施欺凌和暴力的学生，学校和家长要进行严肃的批评教育和警示谈话，情节较重的，公安机关应参与警示教育。对屡教不改、多次实施欺凌和暴力的学生，应登记在案并将其表现记入学生综合素质评价，必要时转入专门学校就读。对构成违法犯罪的学生，根

据《刑法》、《治安管理处罚法》、《预防未成年人犯罪法》等法律法规予以处置，区别不同情况，责令家长或者监护人严加管教，必要时可由政府收容教养，或者给予相应的行政、刑事处罚，特别是对犯罪性质和情节恶劣、手段残忍、后果严重的，必须坚决依法惩处。对校外成年人教唆、胁迫、诱骗、利用在校中小学生违法犯罪行为，必须依法从重惩处，有效遏制学生欺凌和暴力等案事件发生。各级公安、检察、审判机关要依法办理学生欺凌和暴力犯罪案件，做好相关侦查、审查逮捕、审查起诉、诉讼监督、审判和犯罪预防工作。

7. 实施科学有效的追踪辅导。欺凌和暴力事件妥善处置后，学校要持续对当事学生追踪观察和辅导教育。对实施欺凌和暴力的学生，要充分了解其行为动机和深层原因，有针对性地进行教育引导和帮扶，给予其改过机会，避免歧视性对待。对遭受欺凌和暴力的学生及其家人提供帮助，及时开展相应的心理辅导和家庭支持，帮助他们尽快走出心理阴影，树立自信，恢复正常学习生活。对确实难以回归本校本班学习的当事学生，教育部门和学校要妥善做好班级调整和转学工作。要认真做好学生欺凌和暴力典型事件通报工作，既要充分发挥警示教育作用，又要注意不过分渲染事件细节。

三、切实形成防治学生欺凌和暴力的工作合力

8. 加强部门统筹协调。各地要把防治学生欺凌和暴力工作作为全面依法治国，建设社会主义和谐社会的重要任务。教育、综治、人民法院、人民检察院、公安、民政、司法、共青团、妇联等部门组织，应成立防治学生欺凌和暴力工作领导小组，明确任务分工，强化工作职责，完善防治办法，加强考核检查，健全工作机制，形成政府统一领导、相关部门齐抓共管、学校家庭社会三位一体的工作合力。

9. 依法落实家长监护责任。管教孩子是家长的法定监护职责。引导广大家长要增强法治意识，掌握科学的家庭教育理念，尽量多安排时间与孩子相处交流，及时了解孩子的日常表现和思想状况，积极与学校沟通情况，自觉发挥榜样作用，切实加强对孩子的管教，特别要做好孩子离校后的监管看护教育工作，避免放任不管、缺教少护、教而不当。要落实监护人责任追究制度，根据《民法

等相关法律法规，未成年学生对他人的人身和财产造成损害的，依法追究其监护人的法律责任。

10. 加强平安文明校园建设。中小学校要把防治学生欺凌和暴力作为加强平安文明校园建设的重要内容。学校党组织要充分发挥政治核心作用，加强组织协调和教育引导。校长是学校防治学生欺凌和暴力的第一责任人，分管法治教育副校长和班主任是直接责任人，要充分调动全体教职工的积极性，明确相关岗位职责，将学校防治学生欺凌和暴力的各项工作落实到每个管理环节、每位教职工。要努力创造温馨和谐、积极向上的校园环境，重视校园绿化、美化和人文环境建设。加强优良校风、教风、学风建设，开展内容健康、格调高雅、丰富多彩的校园活动，形成团结向上、互助友爱、文明和谐的校园氛围，激励学生爱学校、爱老师、爱同学，提高校园整体文明程度。要健全各项管理制度、校规校纪，落实《义务教育学校管理标准》，提高学校治理水平，推进依法依规治校，建设无欺凌和暴力的平安文明校园。

11. 全社会共同保护未成年学生健康成长。要建立学校、家庭、社区（村）、公安、司法、媒体等各方面沟通协作机制，畅通信息共享渠道，进一步加强对学生保护工作的正面宣传引导，防止媒体过度渲染报道事件细节，避免学生欺凌和暴力通过网络新媒体扩散演变为网络欺凌，消除暴力文化通过不良出版物、影视节目、网络游戏侵蚀、影响学生的心理和行为，引发连锁性事件。要依托各地12355青少年服务台，开设自护教育热线，组织专业社会工作者、公益律师、志愿者开展有针对性的自护教育、心理辅导和法律咨询。坚持标本兼治、常态长效，净化社会环境，强化学校周边综合治理，切实为保护未成年人平安健康成长提供良好社会环境。

教育部 中央综治办 最高人民法院

最高人民检察院 公安部 民政部

司法部 共青团中央 全国妇联

2016 年 11 月 1 日

教督〔2017〕10号

教育部等十一部门关于印发《加强中小学生欺凌综合治理方案》的通知

各省、自治区、直辖市教育厅（教委）、综治办、高级人民法院、人民检察院、公安厅（局）、民政厅（局）、司法厅（局）、人力资源社会保障厅（局）、团委、妇联、残联，新疆生产建设兵团教育局、综治办、人民法院、人民检察院、公安局、民政局、司法局、人力资源社会保障局、团委、妇联、残联：

　　《加强中小学生欺凌综合治理方案》已经国家教育体制改革领导小组会议通过，现印发给你们，请遵照执行。

教育部 中央综治办 最高人民法院

最高人民检察院 公安部 民政部

司法部 人力资源和社会保障部

共青团中央 全国妇联 中国残联

2017 年 11 月 22 日

加强中小学生欺凌综合治理方案

　　加强中小学生欺凌综合治理是中小学校安全工作的重点和难点，事关亿万中小学生的身心健康和全面发展，事关千家万户的幸福和社会和谐稳定，事关中华民族的未来和伟大复兴。为深入贯彻党的十九大精神，有效防治中小学生欺凌，依据相关法律法规，制定本方案。

一、指导思想

　　以习近平新时代中国特色社会主义思想为指导，全面贯彻党的教育方针，落实立德树人根本任务，大力培育和弘扬社会主义核心价值观，不断提高中小学生思想道德素质，健全预防、处置学生欺凌的工作体制和规章制度，以形成防治中小学生欺凌长效机制为目标，以促进部门协作、上下联动、形成合力为保障，确保中小学生欺凌防治工作落到实处，把校园建设成最安全、最阳光的地方，办好人民满意的教育，为培养德智体美全面发展的社会主义建设者和接班人创造良好条件。

二、基本原则

（一）坚持教育为先。深入开展中小学生思想道德教育、法治教育、心理健康教育，促进提高人民群众的思想觉悟、道德水准、文明素养，提高全社会文明程度，特别要加强防治学生欺凌专题教育，培养校长、教师、学生及家长等不同群体积极预防和自觉反对学生欺凌的意识。

（二）坚持预防为主。完善有关规章制度，及时排查可能导致学生欺凌事件发生的苗头隐患，强化学校及周边日常安全管理，加强欺凌事件易发现场监管，完善学生寻求帮助的维权渠道。

（三）坚持保护为要。切实保障学生的合法权益，严格保护学生隐私，尊重学生的人格尊严。切实保护被欺凌学生的身心建康，防止二次伤害发生，帮助被欺凌学生尽早恢复正常的学习生活。

（四）坚持法治为基。按照全面依法治国的要求，依法依规处置学生欺凌事件，按照"宽容不纵容、关爱又严管"的原则，对实施欺凌的学生予以必要的处置及惩戒，及时纠正不当行为。

三、治理内容及措施

（一）明确学生欺凌的界定

中小学生欺凌是发生在校园（包括中小学校和中等职业学校）内外、学生之间，一方（个体或群体）单次或多次蓄意或恶意通过肢体、语言及网络等手段实施欺负、侮辱，造成另一方（个体或群体）身体伤害、财产损失或精神损害等的事件。

在实际工作中，要严格区分学生欺凌与学生间打闹嬉戏的界定，正确合理处理。

（二）建立健全防治学生欺凌工作协调机制

各地要组织协调有关部门、群团组织，建立健全防治学生欺凌工作协调机制，统筹推进学生欺凌治理工作，妥善处理学生欺凌重大事件，正确引导媒体和网络舆情。教育行政（主管）部门和学校要重点抓好校园内欺凌事件的预防和处置；各部门要加强协作，综合治理，做好校园外欺凌事件的预防和处置。

（三）积极有效预防

1. 指导学校切实加强教育。中小学校要通过每学期开学时集中开展教育、学期中在道德与法治等课程中专门设置教学模块等方式，定期对中小学生进行学生欺凌防治专题教育。学校共青团、少先队组织要配合学校开展好法治宣传教育、安全自护教育。

2. 组织开展家长培训。通过组织学校或社区定期开展专题培训课等方式，加强家长培训，引导广大家长增强法治意识，落实监护责任，帮助家长了解防治学生欺凌知识。

3. 严格学校日常管理。学校根据实际成立由校长负责，教师、少先队大中队辅导员、教职工、社区工作者和家长代表、校外专家等人员组成的学生欺凌治理委员会（高中阶段学校还应吸纳学生代表）。加快推进将校园视频监控系统、紧急报警装置等接入公安机关、教育部门监控和报警平台，逐步建立校园安全网上巡查机制。学校要制定防治学生欺凌工作各项规章制度的工作要求，主要包括：相关岗位教职工防治学生欺凌的职责、学生欺凌事件应急处置预案、学生欺凌的早期预警和事中处理及事后干预的具体流程、校规校纪中对实施欺凌学生的处罚规定等。

4. 定期开展排查。教育行政部门要通过委托专业第三方机构或组织学校开展等方式，定期开展针对全体学生的防治学生欺凌专项调查，及时查找可能发生欺凌事件的苗头迹象或已经发生、正在发生的欺凌事件。

（四）依法依规处置

1. 严格规范调查处理。学生欺凌事件的处置以学校为主。教职工发现、学生或者家长向学校举报的，应当按照学校的学生欺凌事件应急处置预案和处理流程对事件及时进行调查处理，由学校学生欺凌治理委员会对事件是否属于学生欺凌行为进行认定。原则上学校应在启动调查处理程序10日内完成调查，根据有关规定处置。

2. 妥善处理申诉请求。各地教育行政部门要明确具体负责防治学生欺凌工作的处（科）室并向社会公布。县级防治学生欺凌工作部门负责处理学生欺凌事件的申诉请求。学校学生欺凌治理委员会处理程序妥当、事件比较清晰的，应以学校学生欺凌治理委员会的处理结果为准；确需复查的，由县级防治学生欺凌工作部门组织学校代表、家长代表和校外专家等组成调查小组启动复查。复查工作应在15日内完成，对事件是否属于学生欺凌进行认定，提出处置意见并通知学校和家长、学生。

县级防治学生欺凌工作部门接受申诉请求并启动复查程序的，应在复查工作结束后，及时将有关情况报上级防治学生欺凌工作部门备案。涉法涉诉案件等不宜由防治学生欺凌工作部门受理的，应明确告知当事人，引导其及时纳入相应法律程序办理。

3. 强化教育惩戒作用。对经调查认定实施欺凌的学生，学校学生欺凌治理委员会要根据实际情况，制定一定学时的专门教育方案并监督实施欺凌学生按要求接受教育，同时针对欺凌事件的不同情形予以相应惩戒。

情节轻微的一般欺凌事件，由学校对实施欺凌学生开展批评、教育。实施欺凌学生应向被欺凌学生当面或书面道歉，取得谅解。对于反复发生的一般欺凌事件，学校在对实施欺凌学生开展批评、教育的同时，可视具体情节和危害程度给予纪律处分。

情节比较恶劣、对被欺凌学生身体和心理造成明显伤害的严重欺凌事件，学校对实施欺凌学生开展批评、教育的同时，可邀请公安机关参与警示教育或对实施欺凌学生予以训诫，公安机关根据学校邀请及时安排人员，保证警示教育工作有效开展。学校可视具体情节和危害程度给予实施欺凌学生纪律处分，将其表现记入学生综合素质评价。

屡教不改或者情节恶劣的严重欺凌事件，必要时可将实施欺凌学生转送专门（工读）学校进行教育。未成年人送专门（工读）学校进行矫治和接受教育，应当按照《中华人民共和国预防未成年人犯罪法》有关规定，对构成有严重不良行为的，按专门（工读）学校招生入学程序报有关部门批准。

涉及违反治安管理或者涉嫌犯罪的学生欺凌事件，处置以公安机关、人民法院、人民检察院为主。教育行政部门和学校要及时联络公安机关依法处置。各级公安、人民法院、人民检察院依法办理学生欺凌犯罪案件，做好相关侦查、审查逮捕、审查起诉、诉讼监督和审判等工作。对有违法犯罪行为的学生，要区别不同情况，责令其父母或者其他监护人严加管教。对依法应承担行政、刑事责任的，要做好个别矫治和分类教育，依法利用拘留所、看守所、未成年犯管教所、社区矫正机构等场所开展必要的教育矫治；对依法不予行政、刑事处罚的学生，学校要给予纪律处分，非义务教育阶段学校可视具体情节和危害程度给予留校察看、勒令退学、开除等处分，必要时可按照有关规定将其送专门（工读）学校。对校外成年人采取教唆、胁迫、诱骗等方式利用在校学生实施欺凌进行违法犯罪行为的，要根据《中华人民共和国刑法》及有关法律规定，对教唆未成年人犯罪的依法从重处罚。

（五）建立长效机制

各地各有关部门要加强制度建设，积极探索创新，逐步建立具有长效性、稳定性和约束力的防治学生欺凌工作机制。

1. 完善培训机制。明确将防治学生欺凌专题培训纳入教育行政干部和校长、教师在职培训内容。市级、县级教育行政部门分管负责同志和具体工作人员每年应当接受必要的学生欺凌预防与处置专题面授培训。中小学校长、学校行政管理人员、班主任和教师等培训中应当增加学生欺凌预防与处置专题面授的内容。培训纳入相关人员继续教育学分。

2. 建立考评机制。将本区域学生欺凌综合治理工作情况作为考评内容，纳入文明校园创建标准，纳入相关部门负责同志年度考评，纳入校长学期和学年考评，纳入学校行政管理人员、教师、班主任及相关岗位教职工学期和学年考评。

3. 建立问责处理机制。把防治学生欺凌工作专项督导结果作为评价政府教育工作成效的重要内容。对职责落实不到位、学生欺凌问题突出的地区和单位通过通报、约谈、挂牌督办、实施一票否决权制等方式进行综治领导责任追究。学生欺凌事件中存在失职渎职行为，因违纪违法应当承担责任的，给予党纪政纪处分；构成犯罪的，依法追究刑事责任。

4. 健全依法治理机制。建立健全中小学校法制副校长或法制辅导员制度，明确法制副校长或法制辅导员防治学生欺凌的具体职责和工作流程，把防治学生欺凌作为依法治校工作的重要内容，积极主动开展以防治学生欺凌为主题的法治教育，推进学校在规章制度中补充完善防治学生欺凌内容，落实各项预防和处置学生欺凌措施，配合有关部门妥善处理学生欺凌事件及对实施欺凌学生进行教育。

四、职责分工

（一）教育行政部门负责对学生欺凌治理进行组织、指导、协调和监督，牵头做好专门（工读）学校的建设工作，是学生欺凌综合治理的牵头单位。

（二）综治部门负责推动将学生欺凌专项治理纳入社会治安综合治理工作，强化学校周边综合治理，落实社会治安综合治理领导责任制。

（三）人民法院负责依法妥善审理学生欺凌相关案件，通过庭审厘清学生欺凌案件的民事责任，促进矛盾化解工作；以开展模拟法庭等形式配合学校做好法治宣传工作。

（四）人民检察院负责依法对学生欺凌案件进行审查逮捕、审查起诉，开展法律监督，并以案释法，积极参与学校法治宣传教育。

（五）公安机关负责依法办理学生欺凌违反治安管理和涉嫌犯罪案件，依法处理实施学生欺凌侵害学生权益和身心健康的相关违法犯罪嫌疑人，强化警校联动，指导监督学校全面排查整治校园安全隐患，协助学校开展法治教育，做好法治宣传工作。

（六）民政部门负责引导社会力量加强对被欺凌学生及其家庭的帮扶救助，协助教育部门组织社会工作者等专业人员为中小学校提供专业辅导，配合有关部门鼓励社会组织参与学生欺凌防治和帮扶工作。

（七）司法行政部门负责落实未成年人司法保护制度，建立未成年人司法支持体系，指导协调开展以未成年人相关法律法规为重点的法治宣传教育，做好未成年人法律援助和法律服务工作，有效保护未成年人的合法权益。

（八）人力资源社会保障部门负责指导技工学校做好学生欺凌事件的预防和处置工作。

（九）共青团组织负责切实履行综治委预防青少年违法犯罪专项组组长单位职责，配合教育行政部门并协调推动相关部门，建立预防遏制学生欺凌工作协调机制，积极参与学生欺凌防治工作。

（十）妇联组织负责配合有关部门开展预防学生欺凌相关知识的宣传教育，引导家长正确履行监护职责。

（十一）残联组织负责积极维护残疾儿童、少年合法权益，配合有关部门做好残疾学生权益保护相关法律法规的宣传教育，切实加强残疾学生遭受欺凌的风险防控，协助提供有关法律服务。

（十二）学校负责具体实施和落实学生欺凌防治工作，扎实开展相关教育，制定完善预防和处置学生欺凌的各项措施、预案、制度规范和处置流程，及时妥善处理学生欺凌事件。指导、教育家长依法落实法定监护职责，增强法治意识，科学实施家庭教育，切实加强对孩子的看护和管教工作。

五、工作要求

（一）深入细致部署。各地各有关部门要按照属地管理、分级负责的原则，加强学生欺凌综合治理。根据治理内容、措施及分工要求，明确负责人和具体联系人，结合本地区、本部门实际制订具体实施方案，落实工作责任。请于 2017 年 12 月 31 日前将省级防治学生欺凌工作负责人和联系人名单、2018 年 1 月 31 日前将实施方案分别报送国务院教育督导委员会办公室。

（二）加强督导检查。省、市级教育督导部门要联合其他有关部门，定期对行政区域内防治学生欺凌工作情况进行督导检查。县级教育督导部门要对县域内学校按要求开展欺凌防治教育活动、制定应急预案和处置流程等办法措施、在校规校纪中完善防治学生欺凌内容、开展培训、及时处置学生欺凌事件等重点工作开展情况进行专项督导检查。

国务院教育督导委员会办公室适时组织联合督查组对全国防治学生欺凌工作进行专项督导，督导结果向社会公开。

（三）及时全面总结。认真及时做好防治学生欺凌工作总结，一方面围绕取得的成绩和经验，认真总结防治学生欺凌工作中带有启示性、经验性的做法；另一方面围绕面临的困难和不足，认真查找防治学生欺凌工作与社会、家长和学生需求的差距、不足和薄弱环节，查找问题真正的根源，汲取教训，研究改进，推动防治学生欺凌工作进一步取得实效。

（四）强化宣传引导。结合普法工作，开展法治宣传进校园活动，加强对防治学生欺凌工作的正面宣传引导，推广防治学生欺凌的先进典型、先进经验，普及防治学生欺凌知识和方法。对已发生的学生欺凌事件要及时回应社会关切，充分满足群众信息需求。教育行政部门要联系当地主要新闻媒体共同发布反学生欺凌绿色报道倡议书，营造反学生欺凌报道宣传的良好氛围。

国教督办函〔2018〕28 号

国务院教育督导委员会办公室关于开展
中小学生欺凌防治落实年行动的通知

各省、自治区、直辖市教育厅（教委），新疆生产建设兵团教育局：

　　为实施教育"奋进之笔"，推动教育部等九部门《关于防治中小学生欺凌和暴力的指导意见》（以下简称《指导意见》）和教育部等十一部门联合印发的《加强中小学生欺凌综合治理方案》（以下简称《治理方案》）落地生根，促进中小学生欺凌防治工作取得明显成效，国务院教育督导委员会办公室决定在 2018 年开展中小学生欺凌防治落实年行动。现就有关事项通知如下：

一、指导思想

　　以习近平新时代中国特色社会主义思想为指导，真抓实干，狠抓落实，促进各教育部门和学校建立健全预防处置学生欺凌的组织机构、工作体制和规章制度，切实推动《指导意见》和《治理方案》规定的政策措施在各教育部门和学校落细落实，有效防治学生欺凌，为建设阳光安全校园、促进学生健康成长奠定良好基础。

二、行动目标

　　建立健全国家、省、市、县、学校五级学生欺凌防治工作责任体系和制度体系，基本形成学生欺凌防治部门齐抓共管、责任落实到位、管理制度健全、预防措施有效、处置程序规范的工作局面，推动形成学生欺凌防治工作长效机制，有效遏制学生欺凌事件发生。

三、工作内容

　　（一）落实工作机构，做到责任到位。各教育部门要明确学生欺凌防治工作机构，明确学生欺凌防治工作负责人和联系人，制定学生欺凌防治工作实施方案，并在本单位官方网站公开学生欺凌防治工作信息（含工作机构名称、办公电话、实施方案）。

（二）落实部门分工，做到齐抓共管。各教育部门要协调组织相关部门建立健全防治学生欺凌工作机制，推动综治、法院、检察院、公安、民政、司法、人力资源社会保障等部门及共青团、妇联、残联等组织落实职责分工，加强协作，共同治理。

（三）落实日常管理，做到制度健全。学校要成立学生欺凌治理委员会，明确工作职责和工作方式；明确学校相关岗位教职工特别是法治副校长或法治辅导员防治学生欺凌的工作职责和具体任务；明确学生欺凌的早期预警和事中处理及事后干预的具体流程；在校规校纪中明确不同程度欺凌情形的处罚规定。

（四）落实预防措施，做到防患未然。学校每学期至少开展一次学生欺凌专题教育，结合思想道德教育、法制教育和心理健康教育，普及防治学生欺凌知识和反欺凌技能。开展针对全体学生的防治学生欺凌专项调查，及时查找可能发生欺凌事件的苗头迹象或已经发生、正在发生的欺凌事件。

（五）落实处置程序，做到规范有度。学校要细化调查处理欺凌事件、判定欺凌事件严重程度和教育惩戒欺凌实施者、安抚保护欺凌受害者的具体流程和办法。县级教育行政部门要细化欺凌事件处理申诉和复查程序。各教育部门和学校要依据管理权限，对本地本校学生欺凌事件及处置情况建立专门档案。

（六）落实长效机制，做到专业有效。各教育部门要按照《治理方案》要求建立学生欺凌防治工作培训、考评、问责处理、依法治理等长效机制，在教育行政干部、校长、教师培训和考评中增加学生欺凌防治内容，细化培训内容、范围、次数等要求，细化纳入考评内容和标准，细化问责处理规定等；要求责任督学将学校开展学生欺凌防治工作情况纳入挂牌督导内容，监督指导学校围绕学生欺凌防治健全工作制度、开展专题教育、加强预防排查。

以上各项内容，涉及省级教育部门的工作要在 2018 年 5 月底前完成，市级教育部门的工作要在 6 月底前完成，县级教育部门的工作要在 7 月底前完成，学校的工作要在 9 月底前完成。

四、督促措施

（一）定期通报。国务院教育督导委员会办公室将对全国学生欺凌事件开展舆情监测，对各省（区、市）发生事件情况进行统计，每两月通报一次各省（区、市）学生欺凌事件发生情况。各地要结合本地实际，相应建立学生欺凌舆情监测通报制度，实时掌握欺凌事件发生情况。

（二）事件督办。国务院教育督导委员会办公室对社会反映强烈、群众来信来访、久拖不决及重大欺凌事件进行重点督办，各地要按照督办要求及时妥善核查、处置、整改，对学生欺凌事件中存在失职渎职行为、因违纪违法应当承担责任的有关人员严肃问责，并相应建立学生欺凌事件督办制度。

（三）专项督导。国务院教育督导委员会办公室将联合有关部门于10月下旬对各省工作情况开展专项督导，重点检查各地建立工作机制、落实工作责任、纳入挂牌督导、开展综合治理等情况，学校落实学生欺凌防治日常管理、预防措施、处置程序、工作成效等情况。各地教育督导部门要对区域和学校学生欺凌防治工作情况开展督导检查。

（四）评估总结。各省（区、市）要对照工作内容中的"六个落实"总结经验、查找不足、提出改进措施，于2018年10月20日前向国务院教育督导委员会办公室提交本省学生欺凌防治落实年行动总结。国务院教育督导委员会办公室将于11月下旬综合舆情监测、定期通报、事件督办、实地督导等情况，对各省（区、市）学生欺凌防治工作情况进行评估总结，形成学生欺凌防治国家督导评估报告。

（五）社会监督。国务院教育督导委员会办公室在教育部门户网站开设"学生欺凌防治工作"专栏，公开各省（区、市）学生欺凌防治工作信息（含工作机构名称、办公电话、实施方案），主动发布学生欺凌防治有关政策文件、工作动态、先进典型、警示事件、追责问责、督导报告等信息，接受公众监督。

（六）宣传引导。各教育部门和学校要通过推广学生欺凌防治经验、发放防治学生欺凌指导手册、"给家长一封信"或编制文艺作品等方式开展形式多样的宣传活动。国务院教育督导委员会办公室将于11月下旬选取学生欺凌防治工作成效显著的省份召开新闻发布会，向社会通报全国落实年行动开展情况和有关典型经验做法。

各地要认真落实本通知要求，结合实际制定工作方案，深入开展学生欺凌防治落实年行动，确保学生欺凌防治各项工作落实到位、深入人心、取得实效。

联系人及联系方式：贺瑞玉，010－66096587（电话及传真），ddbdxc@moe.edu.cn（电子邮箱）。

国务院教育督导委员会办公室

2018 年 4 月 19 日

后　　记

　　本书是为落实《关于防治中小学生欺凌和暴力的指导意见》及《加强中小学生欺凌综合治理方案》而编写的。在编写过程中，得到了教育部领导的关心指导。教育部基础教育司负责本书的编写组织工作，吕玉刚司长为本书的基本定位、整体构想、撰写框架等提出了重要指导意见，俞伟跃副司长主持编写工作并审定全书，义务教育处朱东斌、德育与校外教育处荣雷和赵珊同志参与了书稿的组织、编写和审改工作。

　　本书的编写得到了北京教育科学研究院院长方中雄同志的鼎力支持。北京教育科学研究院班主任研究中心承担本书的具体编写工作，赵福江同志全面策划、协调编写工作，耿申同志负责把握全书框架、内容编写、文稿审阅和修改工作。各章编写人员为：耿申（第一章）、范婕和周镭（第二章）、周镭（第三、四章）、龚杰克（第五章）、耿申和李辉（第六章）、耿申和龚杰克（第七章）。耿申、赵福江、周镭、张蕾参与了全书的统稿工作，魏强、李秀萍、刘京翠、龚杰克、李辉、范婕、赵敏霞、杨丙涛、陈秀娣、曲怀志和卞京参与了全书的案例收集与整理工作。教育科学出版社为本书编辑工作付出了巨大努力，在此一并表示感谢。由于时间仓促，书中可能尚存不妥之处，敬请读者批评指正。